大旗出版
BANNER PUBLISHING

大旗出版
BANNER PUBLISHING

晴　れ　、　そ　し　て　ミ　サ　イ　ル

今日，晴時多雲，飛彈來襲

從戰地攝影師的視角，
看見 烏克蘭 人在戰火下的生活態度

渡部 陽一 著　李惠芬 譯

基輔地鐵站相擁的家人們

次頁的照片是在烏克蘭首都基輔市中心的基輔客運站（Kiev-Passazhirskiy Railway Station）所拍到的照片。

如同日本的東京車站，是規模龐大的車站月台。

看到照片中捧著花束的女人們了吧，她們身旁的男人與少年正牽著手，他們應該是一家人，周圍還有幾件大的行李箱。

這畫面看似是迎接旅行歸來的家人，但那些男人其實並非要快樂地出門旅行。

女人和孩子們終於回到過去居住的城鎮。

男人則是捧著花束在月台等待家人歸來。

這張照片其實是家人重聚的場景。

全家在基輔客運站重聚的場景

二〇二二年二月二十四日，俄羅斯共合國對烏克蘭發動軍事攻擊。

俄羅斯總統普丁（弗拉迪米爾・弗拉迪米羅維奇・普丁，Vladimir Vladimirovich Putin）堅信壓倒性的強大兵力肯定能順利鎮壓烏克蘭。然而事與願違，由烏克蘭總統澤倫斯基（弗拉基米爾・亞歷山德羅維奇・澤倫斯基，Volodymyr Oleksandrovych Zelenskyi）所率領的烏克蘭軍奮力抵抗，加上歐美各國支援烏克蘭的舉動，這場戰事持續且漫長。

迄今我已去過烏克蘭數次。

二〇二二年九月上旬我在烏克蘭，花了大半時間進行攝影工作。

這是我從這場軍事攻擊開始後，第四次去到戰地取材。

彼時，映入眼簾的是已回歸正常生活的烏克蘭街頭。

月台上互相親吻的兩人

月台上，那些父執輩的男人或年輕小伙子翹首盼著火車進站。他們全是十八到六十歲的男性，在戰時下的烏克蘭被視為戰力成員而禁止出國。

女人走下火車。

男人跑上前，兩人相擁親吻。

陸續下火車的有女性、孩童和叔伯輩的，甚至也看到有人帶著寵物。自開戰以來，逃往鄰國波蘭或鄰近的德國等其他國家避難的人民，再度重回基輔。有很多人提著數件大行李箱，因此也出現同車乘客幫忙下行李的溫馨場面。

月台上再度相聚的家人們淚流滿面地相互擁抱，於是我拍下記念性的一刻。

人群中有位男子穿的T恤上寫著「新季節」。

說巧不巧，這句話恰好象徵了基輔回歸日常景色，帶著慶祝的意思。

眾所周知，烏克蘭有許多親日派。由於IT產業蓬勃發展，因商業往來造訪

穿著「新季節」T 恤 的男子

日本的烏克蘭人也不少，也因為跨國婚姻的關係，目前也有許多日本人居住在烏克蘭。

我在烏克蘭時也有人跟我說：「想用日本的漢字、平假名或片假名寫自己的名字。」日文有不同於西里爾文的獨特韻味，或許才會深受吸引吧。

戰時下不可思議的日常光景

軍事攻擊已過半年以上，至今在烏克蘭東部激烈的戰火依然持續不斷，在這種情況下，首都基輔的購物中心有許多店家卻開始再度營業。

次頁的照片是充斥各家精品店的購物中心，實在想像不到這樣的國家還在戰爭中吧。各間店裡陳列眾多商品，看得出商品流動得很活躍。一到休假日，店裡的人潮絡繹不絕，令人連想到日本表參道或橫濱等熱鬧的街景。

首都基輔的購物中心

車水馬龍的大馬路

第十四頁的照片是車水馬龍的大馬路。

這個時期還可以常常看到上班前先早起去公園跑步運動的人。搭乘地鐵上班，中午去有點時髦的咖啡廳享用午餐。向晚時分，下班回家後又和家人一起散步。晚上則在餐廳用餐或觀賞歌劇，也有在假日舉行婚禮的新婚夫婦。

烏克蘭人民非常珍惜和家人、孩子與朋友相處的時光。可見他們分散在各地的數個月期間是多麼折磨人，街道上彷彿洋溢著重逢的喜悅。

我也曾見過這樣的情景，當我早上出門進行拍攝工作時，發現情侶在公園長椅上絮語，我心想：「啊，有情侶！」，而當夕陽西下，我結束拍攝工作準備回家時，仍看到同樣的兩個人在長椅上聊天。

這是烏克蘭的日常情景。

和家人一起過日子。上班、吃美食、和朋友或戀人談天說地。烏克蘭溫和的日常生活就是那樣，再尋常不過。

戰爭與日常共存的每一天

取材結束，我回到日本是九月下旬。

次月的十月十日，基輔市中心遭到飛彈空襲。

宛如表參道般熱鬧的購物街，要去上班或去觀光而人來人往的車站，家人或戀人們享受溫馨時光的公園，遭受到飛彈攻擊。

這是報復式攻擊。兩天前在烏克蘭南部的克里米亞半島（Krymskyi Pvostriv）與俄羅斯本土相連的「克里米亞大橋（Krymskiy most）」發生爆炸，橋的一部分被炸毀。普丁總統斬釘截鐵指出這是烏克蘭特務機關所發動的恐怖攻擊，於是進行報復，除基輔市中心外，也攻擊了利維夫等地方城市。

俄羅斯掌握到原本出國避難的烏克蘭市民已一一回國，而特意攻擊一般市民聚集的市中心。從俄羅斯的角度來看，他們是在炫耀自己的力量「還早得很呢！」這舉動也被視為企圖動搖烏克蘭軍軍心。

一直以來，我都是以戰地攝影師的身分，拍攝全世界不同戰地風貌的照片。提到戰爭，大多數人連想到的是以前戰爭片裡出現的影像吧。住家或建築物被炸毀，幾乎看不見有人居住。逃得太慢的人大喊：「救命！」，戰車行駛在杳無人煙、荒廢的道路上，軍人們舉著槍互相防衛，類似這樣的場景。

然而進到實際發生戰爭的國家一看，往往會大失所望。

因為映入眼簾的是再平常不過的日常光景，即使身處戰火喧囂中，人們仍會上班或購物，並非從早到晚都在打仗。

警報聲響起。

此時此刻，某個地方正受到火箭彈轟炸。

但現在似乎還不要緊，先吃飯吧。

對了，得交房租給房東了。

看哪，多麼美麗的夕陽美景。

——很不可思議吧。明明炸彈說不定等等就炸下來了。然而，這就是現實。

人們並非隨時隨地都在戰火中，戰爭是與日常生活共存的。所以人們在戰爭中也能活下去。再加上，戰爭的長夜漫漫路迢迢，就在日常的生活中。

那正是我親眼見到的「戰地真實面」。

本書是希望我們來思考，能靠一己之力為和平做什麼努力？

在此之前我去過各個戰火連天的戰場拍攝取材。伊拉克戰爭、盧安達內戰、科索沃戰爭、車臣戰爭、索馬利亞內戰、阿富汗戰爭、哥倫比亞內戰、蘇丹達爾內戰與以巴衝突，並傾聽在戰場上生活的人們真實的心聲。

第一章會談到開頭所提及，我在俄烏戰爭等地進行攝影取材時的所見所聞，傳達戰爭的真實樣貌。第二章是根據這些戰地的取材，以及日本所發生的恐怖攻擊，來思考為何會發生戰爭？

第三章到第五章則是思考「和平」的定義，為了和平我們個人能有何作為。最後在第六章則是回頭看看日本目前的狀況。即使人不在日本，也能為和平盡一份心力。理解世界，與世界連結。我也想以自己過往的經驗具體傳達這個理念。

目錄

女大兵私底下是平凡的母親
不會出現在大眾媒體上的戰場風貌
有歡笑的戰場日常

02

為何出現戰爭

——貧窮引發爭奪，孤獨引起恐攻

不只靠武力，戰況因資訊情報而不同以往
超越國家對國家，對立結構的現代戰爭
一個人也能發動恐怖攻擊的時代
日本也不能再擺出事不關己的態度
戰爭始於貧困與孤獨
日本中也有「所謂戰爭的日常」

為了生存的爭奪正是戰爭的本質
以 SDGs 之名行爭奪之實
倘若戰事永不停歇，我們能夠做些什麼？

03

所謂的和平是擁有選擇權
——被孤獨淹沒前，來趟旅行吧

「幸福是有選擇權」，這正是和平的條件
日本生活與世界接軌的契機
有人希望，身處戰場上的「我們」能被看見
遭受爆炸恐攻的被害家屬心聲
理解世界，與世界連結
來趟旅行吧

097

04

為了世界和平，我們能做的事

——①瞭解世界

能將戲劇化的瞬間，全部拍下來的畫面很不自然

官方所發布的資訊也要質疑

照片是想像力的開關

坐在地上的女孩們的照片

女人抱著孩子的照片

05

為了世界和平，我們能做的事

——② 與世界連結

靠發送訊息與世界連結

年輕世代想接觸戰場的理由

思考「真的該傳達這種事嗎？」

上傳內容前想著「萬一」、「萬一」，冷靜多看幾次

不煽動不安、不散播恐懼

01

戰爭就在日常生活中

——我親眼見到的「戰地真實面」

從伊爾平、布查被搬運到首都基輔的俄羅斯戰車

實際的戰場並非像戰爭電影般那樣脫離現實，而是存在於日常生活中。無論是開始交戰後或是戰爭的慘況，都是與生活周遭共存的。本章希望帶領讀者從烏克蘭拍到的戰地照片中，看看戰爭真正的樣貌。

要開戰了！徵兆就在導遊們「活生生的情報」中

俄羅斯對烏克蘭展開軍事攻擊，戰爭始於二〇二二年二月。但其實俄羅斯與烏克蘭的關係並非因為這場軍事攻擊才突然惡化。

二〇一四年，俄羅斯逕自宣布併吞烏克蘭南部的克里米亞半島。儘管烏克蘭對此提出異議，美國與歐洲各國也強烈譴責，但時至今日俄羅斯仍持續實質支配著克里米亞半島。

我初次造訪烏克蘭是在二〇一四年。自俄羅斯併吞克里米亞半島到引發軍事攻擊的八年間，烏克蘭東部的部分地區，因烏克蘭人民軍與親俄派的武裝組織發生激烈衝突而陷入內戰，於是我持續追逐著身處於政局不穩下的烏克蘭人民。

前進戰地拍攝取材我仰賴的是當地的導遊。全世界各國都有我能信賴的導遊。即使不是工作的時候，偶爾也會跟他們吃頓飯，或聖誕節等節日時傳送祝賀訊息。

我在烏克蘭也有深交的導遊。剛進入二〇二二年時，我跟這位導遊在視訊通話時獲得「最近在日常生

遭俄羅斯入侵的烏克蘭主要城市

活中常聽到『特別軍事行動』這個關鍵字。」的情報。這位導遊是住在烏克蘭東南部的頓巴斯地區。那是俄羅斯在二月開始發動攻擊時率先攻打的地方。

緊接著我從居住在鄰近俄烏兩國的白俄羅斯導遊那裡，聽到「為了聯合軍事演習，大量的俄羅斯軍進到白俄羅斯領地內」的消息，當時居住在當地的一般民眾出門購物的話，會看到配有俄羅斯標誌的戰車與軍人們在街上行進。

起初我還認為俄羅斯不至於軍事攻擊烏克蘭引發戰爭，但一而再再而三聽到這樣的消息，我便開始在想「不會吧？」

二月中旬，俄羅斯普丁總統在演說等場合上頻繁使用「核武」這個字眼，看得出他是在強調俄國擁有核武的戰力。

接著也聽說俄軍在白俄羅斯部署極音速飛彈。極音速飛彈是以超過音速五倍（五馬赫＝時速約六千公里）速度飛行的飛彈。而且據說極音速飛彈與彈道飛彈不同，極音速飛彈能自由變換軌道，不容易掌握它所要攻擊的目標，因而難以迎面還擊。

從白俄羅斯與烏克蘭的國境到烏克蘭首都基輔僅約一百公里。以日本來說，從東京到茨城縣的水戶也大約僅一百公里（註：約台北市到苗栗市的距離）。俄軍就是在如此近的地方部署了極音速飛彈。

當「特別軍事作戰行動」、「核武」、「極音速飛彈」三個關鍵字齊全後，我才終於確信。

戰爭即將開始。

這個預感並非來自於記者或戰地攝影師之類，那些掌握國際情勢的專業人士所彙整的資訊，而是來自於生活在那裡的一般人，也就是「活生生的情報」。

戰爭開始的預兆就在無意間的日常對話中，其他的戰爭也有這樣的共通點。譬如在醫院的候診室聽到的對話。護理師進行治療；醫院送來平時不會使用的藥物；發現陌生外國號碼的車子；政府官員突然不見人影；政府突然配給食糧……。

一旦收到這些通知，我立刻就察覺到「開始為戰爭做準備了」。於是我也得開始為戰地取材做準備，像是和導遊取得聯絡、申請簽證或想想入境方式等等。

果然不出所料，二〇二二年二月二十四日，俄羅斯普丁總統宣布將進行「特別軍事行動」，開始對烏克蘭軍事攻擊。

遭俄軍攻擊，如同廢墟的一般市民住家

「會動的全部攻擊！」大量虐殺的痕跡

與其他戰爭最大的不同之處在於，俄烏戰爭是毀滅性的侵略戰爭。俄羅斯方在開戰時對世界各國宣稱，攻擊對象是軍事設施、通訊設施以及與軍方相關的物流路線等確切的目標，一般市民不會被捲入殺戮中。

實際上卻是連一般市民都不放過的無差別殺戮，一場種族滅絕（Genocide）。戰爭開始後，首都基輔附近的伊爾平、布查及安托諾夫機場等地便遭受大屠殺。

我在二〇二二年五月上旬便前往那一帶，這是俄羅斯開始發動攻擊時第一次的拍攝取材。

到了當地，侵略戰爭殘酷暴行下的傷痕就這麼赤裸裸地殘留下來。

第三十五頁是一般市民的住家遭到攻擊而變成廢墟的照片。整個家受到箭彈等武器的轟炸而被炸毀。鐵皮屋頂因灼熱而扭曲，家中一切都變成灰燼，

受到攻擊的餐廳

遭受槍擊而被毀壞的車輛

可以想像現場是多麼極度的高溫環境。集會場所等街上人們的聚集地也慘遭攻擊，被破壞殆盡。

交通幹道上零星的食堂或餐廳也無法幸免。進食堂或餐廳吃飯的都是一般民眾，可見跟軍方無關的一般民眾同樣成為攻擊目標。

然後是遭槍擊而毀壞的車輛。

住在這條街上的人們為了避難所乘坐的車輛，被槍打得像蜂巢一樣慘不忍睹，彷彿在說「會動的全部殺無赦！」，殘暴無比。

受到攻擊毀壞後而燃燒的車輛，大部分都溶掉了。透過照片我們可以想像得到居民開車逃難時遭到攻擊的畫面。這裡的人民，生活被連根拔起，感受到俄國採取的是毀滅性的焦土政策（Scorched Earth）。

屍體的數量、被殺害的狀況、拷問的痕跡以及女性或孩子遭受暴行的傷痕，從這些就看得出來種族滅絕的痕跡。不是因戰爭而被殺害，而是從背後被射殺。攻擊的不是軍人而是逃難的人，連無力抵抗的孩童與老人家也慘遭殺害。

運用國家的力量控制資訊情報，各國的特權互相牽扯的外交中，瞄準一般市民的無差別攻擊或大屠殺的這件事實被隱藏起來。而將這件事實公諸於世，以照片的形式搜集戰爭罪的證據，正是我們戰地攝影師的任務之一。

沒想到這次的俄烏戰爭，殘酷的種族滅絕痕跡竟然隨處可見，毫不掩飾地留下來。其殘暴行徑不禁令人憶起：「第一次世界大戰時，原來是這麼殘酷的啊。」尤其最初攻擊烏克蘭時的俄軍戰術，儼然是殺雞儆猴，企圖壓制烏克蘭居民。

被俄軍擊毀的車中慘狀

因此刻意在居民看得到的地方進行拷問、殺戮，或故意將殺害的屍體放置在路邊。五月時我進入烏克蘭取材，在這個時間點上，種族滅絕的痕跡還毫不掩飾地留在現場。

身為戰地攝影師所見到的種族滅絕的現實

其實我之所以成為戰地攝影師，與種族滅絕有很深的關係。

在我就讀大學的一九九三年時，我在非洲的熱帶叢林中遇到十名少年游擊隊。當時因為胡圖族與圖西族兩大族群的衝突造成盧安達內戰（Rwandan Genocide）戰事的擴大，在聯合國也無法介入的狀況下，進行超過一百萬人死亡的大屠殺。

見識到種族滅絕的可怕，以及連這麼幼小的少年也參與其中時，我大為震驚。於是，為了將這樣的慘狀傳出去，我成為戰地攝影師，從此在全世界的戰場中飛來飛去。

自此已過了約三十年，殘暴的殺戮又再度展開。

一想到侵略戰爭的可怕，不禁渾身顫抖。

為何能允許這種行為呢？

國際刑事法院（International Criminal Court，ICC）在戰爭開始後立刻接受包含日本等四十個國家以上的加盟國請託，對俄羅斯發動的戰爭進行戰爭罪的搜查，並在二〇二三年三月向普丁總統發出逮捕令。但由於俄羅斯不是ICC加盟國，故無視於逮捕令。

俄羅斯攻擊烏克蘭的行為明顯違反國際法，然而，俄羅斯是聯合國安全理事會中握有「否決權」的常任理事國，因此陷入難以實際制裁的狀況。

最重要的是，聯合國或國際法真的有效力嗎？這個問題從以前就一直被提出。俄羅斯想必也明白聯合國根本名不符實，無人能對自己定罪才會毫不留情地持續攻擊烏克蘭吧。

以下是我在被炸成廢墟的住家中拍的影片。

●烏克蘭1

看完影片相信各位便能明白，在五月中的階段裡，攻擊的傷痕仍赤裸裸地留在原地。一切被破壞殆盡，化為烏有。不僅如此，俄軍還在那裡留下「V」的標誌表示曾經來過。

這個標誌在大街上隨處可見，逃去避難的人民留在家中的車子被塗上「V」、「Z」、「O」等標誌。我想或許是俄軍留下來的。俄羅斯軍為了表示

被破壞的俄羅斯軍用車上竟然也有「Ｖ」標誌

「我們來過這裡」，「這裡歸我們管」而留下「V」、「Z」或「O」的標誌。「V」或「Z」的正確意思無人知曉。兩者雖然都不是俄羅斯的字母，但被塗在俄軍的車輛或裝備上，作為支持入侵烏克蘭的記號。

類似這樣的標誌在其他戰爭中也看得到。留下塗鴉或記號的目的是要讓當地人們知道「我們來到這裡囉！」，並炫耀自己的軍力。

我去大城市拍攝取材時，曾見過將亡故軍人的大頭照貼在一整面牆上。自二〇一四年曠日持久的內戰中，逝去人們的照片被貼出來。幾千張甚至是幾萬張，約長二十公分、寬十五公分的照片就這麼裝飾在一整面牆上。

死亡的人竟然這麼多？

抬頭一看令人赫然失語。

整面牆上都是亡故士兵的照片

他們就跟日本的年輕人一樣，是珍惜朋友愛護戀人，愛笑又溫柔的大男生。我在進行採訪聽到他們的想法時，感到很溫馨：「原來他在想這種事啊。想不到一般青年也會有這樣的想法呢」。

他們是如此普通的年輕人，但是當我下次想再去訪問他時，有可能已經不在人世了。

某次，不經意想到再去採訪上次訪問過的那個人而前往對方家時，當地的人卻告訴我：「唉，那個人被綁走了。」、「那個人在拷問中死了。」

「欸？那位嗎？上次來這裡時還那麼有精神。」

原來人的死亡是如此蒼白。過去他的身邊也圍繞著溫暖的家人和朋友，是與大家和樂融融生活在一起的人，我一想到他就這樣離開人世，不僅令人發顫。

這裡是戰爭博物館？和戰爭拍紀念照的人們

接著我在二〇二二年七月再度造訪烏克蘭，街上的樣子又稍微變得不太一樣。

首先請看這部影片。

●烏克蘭 2

那是我七月時在首都基輔中心某廣場所拍下的影片。廣場人潮來來往往，是外國人也會來觀光的景點。那裡排著一輛輛的俄軍戰車與裝甲車，那些是從被進行種族滅絕的伊爾平、布查等地送來的。

戰車的隔壁是實際轟炸過的大型飛彈。

烏克蘭人民軍將留在伊爾平、布查的俄軍武器回收並分析內容結構，發現俄羅斯軍使用的武器幾乎是舊型或蘇聯時期的。但即使俄軍使用的是具有年代的武器，但仍有高達十九萬的壓倒性兵力，運用戰術便能徹底破壞整條街道。這些物證不僅由軍方保管，當時也向市民們公開。

相較於烏克蘭人民軍手握的是歐洲送來的最新武器，世人發現俄軍使用的是這種舊式的武器想必士氣大振：「換我們揚眉吐氣了！我們要奪回之前被占領的土地，大家一起來守護烏克蘭國土」。

而這段期間的基輔也慢慢恢復日常面貌，廣場上的那些人彷彿來到戰爭博物館一樣，好奇地仔細參觀。

平時若沒有去到戰爭最前線，是不會遇到戰車或武器的。這些駭人的武器在廣場上堆積如山，對烏克蘭人民會是多麼強烈的體驗。相信也有很多人是第一次看到戰車和武器，所以會往戰車裡瞧瞧或用手機拍記念照。

我訪問了幾個來廣場的人，大家口徑一致地表示：「我們團結齊心肯定會勝利。」、「我們一定會守護烏克蘭的國土。」為了拯救身陷槍林彈雨與種族滅絕攻擊的烏克蘭東南部，甚至此時此刻還在被嚴刑拷打的人們，同樣身為烏克蘭人會做最大的努力，空氣瀰漫這樣的氛圍，並沒提到停戰或休戰等字眼。

在戰爭前線，俄羅斯軍就在眼前，烏克蘭軍面臨隨時都有可能被殺害的狀況。另一方面，由於大城市基輔與西部的利維夫沒有俄軍，人民能在烏克蘭軍的管理下生活，東西部的氣氛竟然會有如此的差異。

但話說回來，無論是哪個戰爭都會有一個共同點，就是發生戰爭的國家並非隨時處於緊張狀態中，而是處在遭受攻擊之後回歸日常，又再度出現攻

被破壞的俄羅斯軍軍用車輛

擊……像是這樣的節奏中。在經過砲聲隆隆，激烈的戰鬥後，一定會稍微冷靜下來一段期間，然後又再度開打，經常有像這樣的情形。

而避難的人民一一回歸日常的十月，飛彈再度襲擊基輔，簡直就是「再度炸裂」的瞬間。

大街上觸目所及的軍人

大城市基輔在烏克蘭軍的管理下雖能過著接近原本普通的生活，但在實際上並非過得自由自在。

自從兩國交戰後，大城市通貨膨脹經濟不穩定，也會時不時停電或停水。

不僅如此，基輔街上充斥著烏克蘭軍人。請各位想像一下這樣的景象，宛如日本的東京車站或日比谷公園般民眾大量匯集的場所，持著槍械全副武裝的軍人們走來走去，到處盤問。

或許民眾還可以過上隨心所欲在街上走走逛逛，買買東西或喝個下午茶的生活，但可想而知人們心中常常覺得不自由吧。

軍人在民眾出入作息的大街上走來走去，這樣的景象不限於烏克蘭，在自由被剝奪，戰時下的國家中是共同所見的景象之一。

然而，我在烏克蘭的取材中遇見很特殊的風景，那就是看得到許多女大兵。譬如次頁的地下鐵站的照片。

有許多女軍人會像這樣搭乘地鐵，確認乘客中是否有可疑人物，檢查身體或護照。以志工或義勇軍的方式加入軍隊的女軍人，我感受到她們想憑自己的力量守護烏克蘭的意志。

位於基輔市中心的基輔中央地鐵站

女大兵私底下是平凡的母親

在基輔的拍攝取材中，也有發生過這樣的插曲。

在取材結束準備返回暫居的家時，不小心迷路了。看到一臉傷腦筋的我，烏克蘭人民軍的女軍人上前問話。對方年齡大約三十歲左右，感覺穩重又溫柔。聽到我迷路時，她還特地開自己的車送我回家。

在車上的這段期間我和她聊了很多。她說自己是在烏克蘭人民軍中管理並統率軍人的管理職，同時也是個有孩子的母親。

當然她不會提到軍方內部的詳細情形，可是，問到現今的基輔狀態或國民的心情，她很願意分享自己的想法。

戰爭並非突然發生的，而是因為之前俄羅斯反覆施壓導致。烏克蘭裡有許多不同國家的人居住，難免會因為面對林林總總的問題而導致衝突。正因如此，在烏克蘭生活的人民很重視多樣性，各種民族心態寬容的人們共同生活在這片土地上。這位女軍人認為，支持這樣的生活也是烏克蘭國軍的任務之一。

我提到在國軍進行任務時，會聯想到精壯的身體和激烈的槍林彈雨等等場面。然而這個女軍人非常穩重且冷靜，而且是每個家庭都會有的平凡母親。

那另一方面，俄軍的氛圍又怎樣呢？

俄羅斯軍內有受徵兵制徵集的年輕人，以及以義勇軍身分參加的外國軍隊，再加上花錢雇來的專業傭兵，組成大雜燴軍隊。我從烏克蘭這裡的年輕俄軍俘虜口中聽到，原本是被要求進行「軍事訓練」來白俄羅斯，後來才發現是進到烏克蘭打仗。

不會出現在大眾媒體上的戰場風貌

所謂的戰爭取材並不是進到發生轟炸或槍戰中的地方進行拍攝。因為在戰爭中的情勢是瞬息萬變的，也可能在進到當地與當地人民一同生活時，街道上突然發生槍戰等等，而被捲入突發狀況中，而且即使你興致一來想去戰場拍照，但實際上也很少會在事前就知道哪裡有發生戰爭。

譬如說，這個影片是在二〇〇一年的阿富汗戰爭下的阿富汗國內，所拍攝的。火箭在眼前轟炸。

這是包含美國的多國籍軍對抗阿富汗塔利班（Tālibān）政權的戰役。影片是塔利班發動攻擊以及槍戰開始的畫面。

●阿富汗

我也不是在事前得到情報「這裡會發生攻擊」才去拍攝，而是剛剛好遇到這一場戰鬥。

當然如果在事前收到情報，也有提前定下取材主題或預測切入點而進到當地的情形。只不過實際進到當地一看，映入眼簾的還是與想像截然不同的景色。即使是俄烏戰爭，在實際踏入現場之前並不會知道究竟是什麼狀況。

殘暴的俄羅斯軍，種族滅絕。

一條條生命在眼前消失的戰爭的現實。

但我們也可以再看看另一面，擁有肥沃大地的烏克蘭。我在取材中也有很多機會接觸到這樣的美好。

據說烏克蘭的土地適合栽種農作物。玉米、甘蔗、葵花油、尤其是麵包或義大利麵原料的小麥，產出量位居世界之冠。有歐洲穀倉美譽的烏克蘭，農村會出現整片葵花田或小麥田的美景。

此外，街上也有幾個零星的教會，即使身處於政局不安的情況之下，仍可以看見一到假日便靜靜向神禱告的民眾身影。

基輔的街道林立著一棟棟像童話故事般的建築物，是座藝術之都。一到晚上精心打扮的民眾會前去歌劇劇場聆聽音樂。

在基輔的市中心，沿著聶伯河有座景色優美的森林公園，情侶們手牽著手在公園裡散步。

天色變暗後就是用餐時間。人們會一邊享用羅宋湯、高麗菜捲或是皮包肉餡類似水餃的食物，一邊單手啜飲著紅酒，悠哉聊天。

戰爭開始前，從世界各地，也有日本來的觀光客造訪烏克蘭這個美麗又充滿各種魅力的國度。

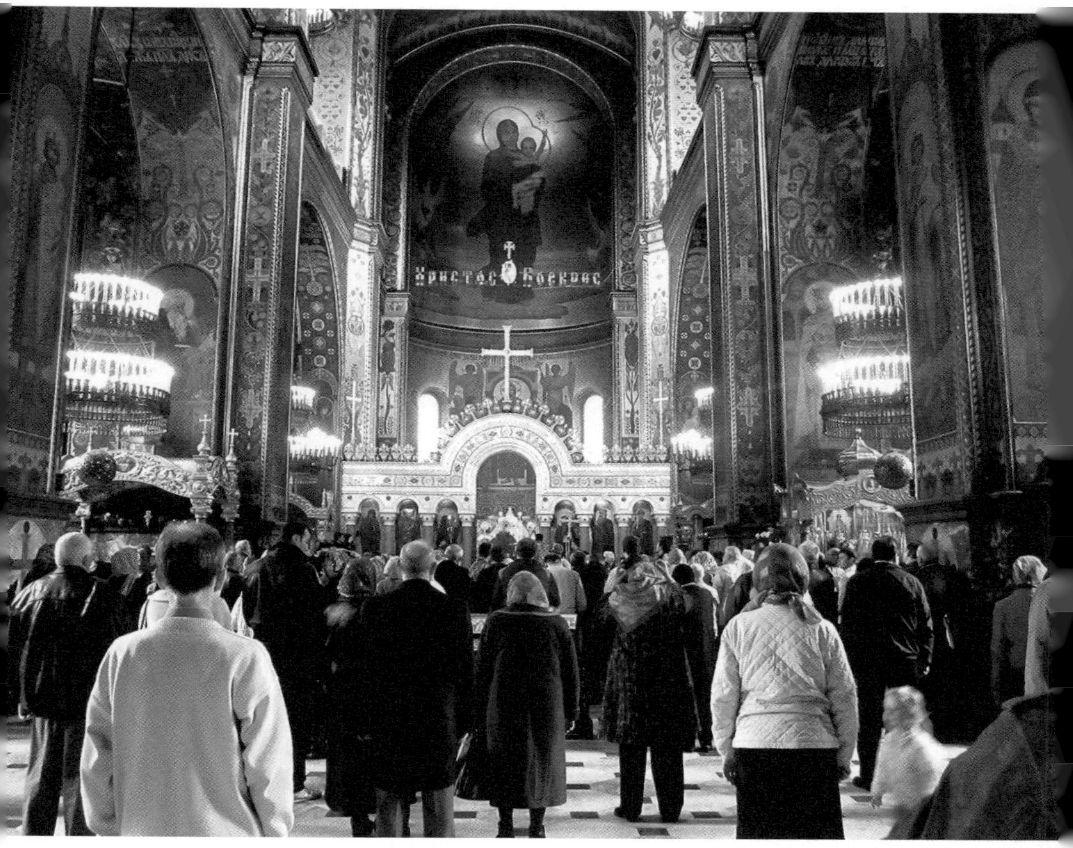

在聖弗拉基米爾主教座堂（Volodymyrskyi Sobor）大聖堂祈禱的市民

市中心街道上有許多外帶的咖啡店，許多人會拿著在咖啡店買的大杯熱咖啡，邊走邊喝。我對這樣的景象感到很親切。

有歡笑的戰場日常

即使在戰爭中，也維持著跟在日本生活的我一樣，普通的食衣住行。這是我踏入戰場或進到政局不穩定的地區，最令我驚訝的一件事。

譬如說，在戰時下結婚或生產的年輕人也增加了。在危機之中也不是只有自己一個人，組織家庭並守護自己的家，遇到萬一的情況也能彼此支持，或許是人類的本能吧。

而且還出現以戰爭為笑料的梗圖，製作成商品在市集上販賣。

我在烏克蘭取材時看過在普丁總統臉上畫著大叉的衛生紙。

位於烏克蘭東南部的馬立波，忍受俄軍數星期的猛烈攻擊，象徵烏克蘭軍誓死抵抗的「亞速鋼鐵廠（Metalurhiinyi Kombinat Azovstal）」。將軍人們在那裡高舉武器對抗俄羅斯軍，寫著電視禁播用語的圖案印成T袖。

烏克蘭總統澤倫斯基原本是喜劇演員，澤倫斯基總統會對戰爭開什麼玩笑或段子，大家設計成即興搞笑的T袖圖案。

烏克蘭人很喜歡開玩笑，擁有讓人發笑或歡笑的能力。自己的國家明明正在打仗，為何還能苦中作樂呢？屢屢看到烏克蘭人輕鬆地開懷大笑，令人感到這光景真不可思議。

悲慘戰地的另一面，也存在著與我們普通生活沒兩樣的日常。這正是戰場真正的模樣。

一旦演變成現在進行式的戰爭，媒體常會報導戰況或戰爭的動向，但我也非常希望各位能看一看當地人們那些柔和溫馨的日常生活。

平時的日常生活中，有沒有想珍惜的習慣、場所或街道？

02

為何出現戰爭

——貧窮引發爭奪，孤獨引起恐攻

留在伊爾平、布查的俄軍戰車

話說回來，為何會發生戰爭呢？

現代戰爭愈來愈複雜，成為戰爭引爆點的恐怖攻擊也僅憑一人之力就能辦到。

不只靠武力，戰況因資訊情報而不同以往

俄烏戰爭不同於其他戰爭的地方是，除了與過去一樣用壓倒性的軍事武力進行殘暴的無差別殺戮，還再加上了現代戰爭特有的資訊情報戰爭（Information Warfare），是一場混合戰爭（Hybrid Warfare）。

尤其是烏克蘭澤倫斯基總統沒有因為自己是總統而亂施權力，而是與市民共同奮戰的態度，令人印象深刻。

受到俄羅斯攻擊後立即出現「澤倫斯基總統因為樹立亡命政權，已經離開烏克蘭了」的謠言。於是乎攻擊的隔天，二月二十五日晚上，澤倫斯基總統

隨即以自拍影片向大眾傳達訊息：「無論是首相或總統都在這裡！我們會在這裡守護國家！」

這個影片流傳開來，不但提高了烏克蘭國民的戰意，也擴張至歐洲、美國以及日本，成為呼籲支援烏克蘭的原動力。

澤倫斯基總統原本是喜劇演員，對國民的演說運用淺顯易懂的表現，一而再再而三向大家傳達一同守護烏克蘭的理念，溫柔的領導方式呈現讓全國上下同心協力的新領導者形象。

相反的，普丁總統則是加強鎮壓市民的強權體制，彷彿回到舊蘇聯時代。自從開始攻擊烏克蘭後，俄羅斯便強硬控制國家內的情報資訊並全面斷網。

普丁向本國國民解釋軍事攻擊的目的，是為了保護被烏克蘭政府壓制的當地人民，並實現「烏克蘭去軍事化與去納粹化（Entnazifizierung）」。但這兩樣主張都沒有客觀的證據。

即使在這種狀況中，仍然無法阻止烏克蘭市民將被俄羅斯攻擊的畫面上傳到社群網路上，向全世界發送訊息。

目擊自己所居住的地區受到俄羅斯攻擊，此時此刻眼前發生的爆炸，俄軍暗地攻擊無力抵抗的人。這些情報一一上傳到社群網路，不僅能證明俄羅斯方的主張是騙人的，也能作為烏克蘭軍反擊的推動力。

跟以往靠軍力斷輸贏的戰爭不同，如何管理情報，或根據情報讓大家同心協力，左右戰況，正是俄烏戰爭的特徵。

超越國家對國家，對立結構的現代戰爭

為了阻止俄羅斯的非人道攻擊，歐美各國一一提供武器支援烏克蘭。對於這些舉動，普丁總統時不時便強調俄國是核武器擁有國，用核武威脅來牽制各國。

當然，普丁總統應該從一開始就看準歐美各國並不會派兵至烏克蘭。畢竟如果美國派遣援軍至烏克蘭，就會演變成美國對俄羅斯的世界大戰，所以必須避免過度刺激俄羅斯。正因為預料到歐美各國不敢輕舉妄動，才會對烏克蘭採取用壓倒性的軍力輾壓的戰法吧。

現代所發生的戰爭愈來愈複雜，超越了國家對國家的對立。面對動盪不安的國際情勢、經濟、環境問題等議題，單憑一個國家已經無法處理。

於是乎各國合力組織聯盟，與周邊地區合作，產生經濟制裁或國際外交的

強大力量，共同解決各自面臨的問題。

譬如說，歐美各國組織軍事同盟、北大西洋公約組織（NATO）、或以歐洲為中心組織的政治聯盟、歐盟（EU）。另外還有雖稱不上是成熟的同盟或聯盟，但目標是在歐美的組織架構外，強化經濟或貿易體制的金磚國家BRICs（巴西、俄羅斯、印度、中國、南非）也是一例。

因為烏克蘭沒有加入NATO，所以NATO無法以軍事聯盟的身分動用武力。

然而，烏克蘭總統澤倫斯基本來就保持「遠離俄羅斯，加入EU或NATO等聯盟」的心態，這樣的心態也是影響俄羅斯發動軍事攻擊的原因。因此歐美各國才會討論「是否援助烏克蘭？」，只是直接以軍事介入風險太大，權衡之下才會決定提供武器。

因為這樣的緣由，這次的俄烏戰爭也有以歐美為中心的組織，與俄羅斯或中國為中心的組織起衝突所引發的代理人戰爭（Proxy War）這一面。

普遍認為這狀況會拉長俄烏戰爭，解決衝突也益發困難。

一個人也能發動恐怖攻擊的時代

戰爭這件事已經超過國家的單位變得更加複雜，另一方面，現今也是一個人就能發動恐怖攻擊的時代，因為只要使用資訊情報的力量即可引發小規模的恐怖攻擊。

過去的恐怖攻擊是由資金豐厚的恐怖組織所計畫進而執行。

代表性的例子就是二〇〇一年九月十一日的九一一襲擊事件（Attack of September 11）。國際恐怖組織蓋達組織（Al-Qaeda）的奧薩馬賓拉登（Osama Bin Laden）被認為是主謀，恐怖份子劫持飛機衝進紐約世貿中心（World Trade

Center）與華盛頓五角大廈（The Pentagon），造成大量犧牲者。

因為這次的恐怖攻擊，以美國為中心所帶領的聯合國軍，與拒絕引渡賓拉登的阿富汗塔利班政權，開始了長達十九年又十個月的阿富汗戰爭。

能夠造成如此大規模且衝擊力強大的恐怖攻擊，可見得賓拉登背後有豐厚的資金撐腰，正因為很有錢所以才能在阿富汗建立蓋達組織的基地，購買武器或情報並進行恐攻訓練。

如同上述的例子，以往若沒有資金便無法按下恐怖攻擊的開關。

另一方面，二〇〇六年勢力從伊拉克擴大到敘利亞，自稱「伊斯蘭國」（通稱IS）的伊斯蘭教遜尼派（Ahl ūs-Sunnah）激進組織，利用媒體積極進行宣傳戰。即使恐怖攻擊本身的規模不大，但使用彷彿廣告宣傳般的戰術激進又震撼，發布編輯成電影般的影片，透過媒體傳播到世界各地，將恐攻的效果發揮到最大限度，造成全世界的恐慌與不安。

瞭解到這點的大眾媒體，尤其是法國等國家為防止大眾媒體被恐怖組織利用，大多採取「拒絕轉載IS的影片」的措施。然而，若不知以IS為首的激進派的動向，便會陷入難以掌握中東地區狀況的兩難之中，而掀起大眾媒體應該站在何種立場的議論。

然而，現今是即使大眾媒體自主性地封鎖情報，殘暴震撼的影片或照片仍會沒有節制地透過社群網路，瞬間擴散到世界各地的時代。IS聰明地利用這一點，改變恐怖攻擊的方式。

日本也不能再擺出事不關己的態度

近年來激進派常使用的手段是在可愛的小朋友身上綁炸彈，讓小朋友走到馬路中央後，激進派的幹部就會按下炸彈鈕。拍下爆炸的畫面再上傳到全世界，做出如此殘酷冷血的事來向全世界展現自己的力量。

影片愈是激進愈是殘酷，就擴散得更快更遠，所以恐怖份子上傳的大多是又短又印象衝擊的影像。

譬如，倒數三、二、一後，住宅或城鎮便轟然炸毀，或利用兒童的衝擊性畫面。這樣的影片在社群媒體上傳播開來，進到一般人的視線裡。

與此同時，只要能使用網路直播，即使不是隸屬於恐怖組織的人，僅憑一人之力也可能引發恐怖攻擊。

譬如說，一輛卡車衝進大批觀光客聚集的大型市場中就夠了，即使攻擊目標沒有死，但只要攻擊的畫面傳到全世界便能達到恐攻的目的。

如今引發恐怖攻擊完全不需要金錢、軍隊與教育。不需要蓋達組織或激進派之類的思想背景，只要是孤家寡人，已經沒有什麼可失去的人，就能引發這種慘劇。然後，畫面愈慘不忍睹愈是擴散。

如今日本也不能再置身之外了。

二〇二二年七月八日，前內閣總理大臣安倍晉三在奈良市遇刺身亡。光天化日之下，堂而皇之犯案的是一名男性，使用的是自製手槍，沒有特地進口武器也沒有同夥，就他一個人企劃這場槍擊案。

為選舉發表演講的前內閣總理大臣安倍，周圍有大批的市民與媒體相關者，因此衝擊性的畫面被拍攝下來，透過報導與社群媒體傳到全日本，甚至全世界。各國媒體都使用「暗殺」的字彙進行報導。

暗殺前內閣總理大臣的恐怖攻擊，對戰後的日本而言是前所未有的嚴重事件。回想起過去，有一九三二年內閣總理大臣犬養毅遇刺的「五一五事件」，以及一九三六年前內閣總理大臣高橋是清等人遇害身亡的「二二六事件」。那些以政治高層為目標的政變是當時促使日本走向戰爭一途的轉捩點。

前首相、前總統或現任國家元首被暗殺，是我在世界各國常見的現象。一旦發生這樣的暗殺事件，大多會發生失去領導者，而國內陷入權力鬥爭或內戰的狀態。

複數的實力者開始在各地擴張勢力，互相對立爭奪霸權。在這些人之中雖有「強勢領導者」的美名，但也稱得上是獨裁者的人得勝之後建立的強權體制。強權體制經歷一定期間後便走向崩壞，發動政變暗殺領導者而又再度掀起內戰。

這樣的重覆模式迄今為止已多次在世界各國上演。

槍殺前內閣總理大臣安倍的男性隨即供出之所以這麼做，並非是對政治信念的怨恨，而是對某宗教團體的怨恨，而前內閣總理大臣安倍跟這個宗教團體關係很近。

這次的槍擊事件，令居住在日本原以為跟恐怖攻擊無緣的人民開始緊張：「日本的政局也如此不穩定嗎？」、「今後不會又發生同樣的事件吧？」

事實上，二〇二三年四月十五日也發生過前內閣總理大臣岸田文雄在選舉演說前被投擲爆炸物的事件。

現在這個時代，不用屬於任何恐怖組織，只需一個青年便足以引爆恐攻。引起規模小手法，卻很大膽的悲痛事件，靠爆發力傳播至全世界，撼動政情。而這說不定會演變成動搖整個國家的大型爭端。

這正是二十一世紀恐怖攻擊的方式。

戰爭始於貧困與孤獨

輾轉於各個紛爭地的我感受到，戰爭與恐怖攻擊的根源是「貧窮」。

如果我們的生活環境是能夠每天都安心地與家人們在一起，便不需要選擇戰爭這樣的手段。然而，這樣的生活卻受到威脅。因為貧窮，不能做自己喜歡的事，漸漸被「明天能活下來嗎？」的不安襲擊。

說不定所有的一切會被奪走，被破壞，甚至沒有糧食可吃。

不僅如此，家人和孩子們的生命還曝露在危險之中。於是演變成「為了生存不得不拿武器」的極限狀態，貧困、「沒有選擇權」的不自由把人逼到盡頭，迫使人們引發恐怖行為或戰爭。

被逼到絕境的人們開始尋找讓自己窮困潦倒的犯人，但貧窮的狀態想必是由各種原因交織而成。自然環境、飢餓、不公平的商業交易、歧視與差異，追蹤到犯人後便是血的復仇。這樣的狀況一再重覆。

因貧困掀起的報復戰歷史，也連結到現今的俄烏戰爭。而且貧窮也剝奪了孩子們的教育機會，除了動用武力之外，明明還有其他方式可以把生活顧好，但因為無法好好受教育，所以甚至也不知道還有什麼方法。恐怖攻擊或戰爭這些悲慘事件的根源，絕對有「貧困」這個關鍵。

和嚴苛的貧窮生活直球對決後會發現，人類是無法一個人生存下去的。

我去到世界各國發現的現象是，同地區的人們團結一致地生活在一起，這點對許多國家而言是稀鬆平常的。而能讓同地區的人們上下團結的方法即是宗教。以宗教的思考方式為入口，打造共生共存或在貧困中也能好好活下去的身心靈。

然而另一方面，以宗教觀為中心的國家教義若逐漸變得尖銳，一旦變成「違反教義不可原諒」的極端狀況時，就會產生來自宗教的暴力，也因此造成世界上的激進派與恐怖組織的誕生。

嚴格的伊斯蘭教徒中出現完全否定一切世俗價值觀的伊斯蘭主義者，那群人成為激進派或武裝組織，發動恐怖攻擊或暴力行為也是一例。

當然那只是一部分特例，追求人與人和樂共存，彼此相愛，保持寬容心態的思想才是所有宗教的中心思想。

身處在日本，幾乎感受不到以這樣的宗教觀為中心團結一致來生活，或從中產生的來自激進派的威脅。另一方面，不是以地區或宗教觀為前提上下一心的現代日本，就容易有貧困的人陷入孤立無援的傾向。

窮困潦倒、沒有家人、孤苦無依、足不出戶。

始終找不到工作，只做臨時工，若能住在網咖就已經夠幸運了，甚至也有人在公園待到天亮。

像這種被忽略的貧困、社會的不平等，難免會演變成悲劇導火線。

看到前內閣總理大臣安倍的事件，我感到「日本已經不是特別的國家，而是和世界各國一樣，站在痛苦與不安的入口」。

日本中也有「所謂戰爭的日常」

一般來說會認為戰爭是國家與國家之間的交戰。所謂的紛爭是超過兩者以上的戰爭，不限於國家與國家之間，並不一定伴隨武力，所以戰爭也屬於「紛爭」的範疇。

然而我並不會以如此簡單粗暴的方式定義「戰爭」，而是認為「所謂戰爭的日常」是隨處都會發生的。

所謂戰爭的日常，並不限於國家與國家之間的戰爭，而是可以擴展到人與人的生活中，自然產生的隔閡、差異與衝突。

況且，所有戰爭的原點都是貧困。特定的那群人過度追求利益，其他的少數派人民陷入貧困，無法脫離這樣的困境。

以這樣的事情為開端，便會產生「為了生存下去就要搶奪或被搶奪」的想法，人類爭奪的本能會逐漸顯露出輪廓，因此引發「無形的戰爭」，無論在哪個國家都會發生這種事，日本也不例外。

而發展成軍隊與軍隊之間使用武器交戰，就是所謂「有形的戰爭」，俄烏戰爭即是一例。

戰爭的日常則是以各種形式潛伏在我們的生活周遭。

舉例來說，某個地區中僅有一部分的人處在貧窮的狀態中，受到歧視的差別待遇。不同的歷史、政治、經濟與文化交融在一起，那裡或許存在可能引爆衝突的火種，但由於數量少而不被注意到。

好比說，貧窮國家裡種植大麻的年輕人們。那些人是為了活下去只能製作大麻。為何會發生這種事呢？那是因為富有國家的人們需要大麻，因此便有人透過種植、進口並販賣來為生。

某些人們為了守住某些特權而產生這樣不平等的商業行為，於是乎貧窮國家裡難以脫貧的年輕人只能繼續製作大麻，漸漸形成這樣的結構。

舉距離我們生活更近一點的例子，地域性的共同體間常常會出現衝突的場面吧。好比說，霸凌問題、職場霸凌，在全是有錢人居住的地區裡，為了守護自己人的特權，而把弱勢立場的人趕出去。孩子們之間的小糾紛延燒到家長會（PTA），而形成地區性大規模的爭端。

如同上述的例子，我們的生活中也時不時會發生「這個究竟該怎麼辦？」的小衝突。部分的人因為不公平的對待而不得不接受自由莫名其妙被限制住的狀態中。

對於這個現象，大家內心其實都只是想守住重要的人們與家園，至少是想守護自己和家人們安穩的生活。這才是大家真正的想法。

然而，尤其在日本，很多時候因為擔心引起糾紛而會將真心話隱藏起來，用客套話矇混過去。於是乍看之下，大家看起來過著沒有爭端衝突的和平生活。

事實上，當人忍耐到某個時間點，因某些原因而斷掉理智線，就可能演變成「必須跟剝奪我們生存自由的人奮戰不可」的爭端。

雖然為了防止地區性的糾紛，而有町內會（註：日本居民的自治團體）或市議會等組織結構的產生，然而，像早期日本農村社會裡彼此支持的那種共同體力量如今正漸漸喪失。人們容易一下子變的孤立無援，結果就是又產生新的貧困或悲劇。

所謂戰爭的日常隨處可見，這是我踏入世界的戰場或情勢不穩地區後的感想。

為了生存的爭奪正是戰爭的本質

對日本而言，關乎日本今後的發展且同時也可能是「無形的戰爭」的課題之一，即是該如何接納來自國外的難民或移民者。除了來自戰爭地區的難民，也包含留學生或因從事商業行為來日本的人，該如何因應並迎接這樣的多樣性，是現今日本的大哉問。

日本一直以來被認為是排外的國家，日本經濟也難以邁向全球化。事實上，儘管住在日本的外國人人數相當多，但過去的舊習仍在，現實中依然經常見到排除異己、摘掉嫩芽的這一面。

日本如此封閉的民族性被認為是始於無法參與海外市場，培育強大經濟的主因。由於過度重視國內市場，許多商業貿易形成加拉巴哥化（Galapagosization）（註：形容日本市場如同加拉巴哥群島般的孤立環境，只在日本的市場進行商品的最適化）造成如今日幣貶值的問題。

其中，差異性、多樣性這類的關鍵字在日本國內也逐漸被提出來。日本今後不能再如此封閉，要以開放的心接納來自海外的人，彼此互助共生才能成為日本的力量。

另一方面，一旦改變過去封閉的態度，以開放合作的心態因應這個世界，又難免加速為了生存而彼此爭奪的狀況。

譬如「為何工作被移民者搶走了？」引起這類爭端的可能性也不是完全沒有。

對於難民方面，不公平的問題也緊緊跟隨著他們。日本確實溫暖地接納烏克蘭難民，也常常在媒體上大肆報導對於烏克蘭難民的支援。

相較之下，日本看待阿富汗、敘利亞、蘇丹等國的難民態度卻完全不同。

事實上幾乎沒有接納他們，許多國家也出現批評聲浪：「為何獨厚烏克蘭？」
　接納移民者或難民的行為，不只有開放地接納大家這種陽光的一面。種種顯而易見的不平等規定背後，還有國家利益、外交關係或歐美各國間的關係等各種角力的牽扯。
　即使背後有這樣的原因，我希望這次日本接受烏克蘭難民能成為一步步前進的的契機，促使日本用寬容且重視多樣性的態度，與不同國家的人民共同生存。
　全球化或移民的問題。兩者乍看之下是現代特有的課題，但發生的爭端結構既簡單且始於人性。
　為了生存下去要搶奪或被搶奪？這正是所有戰爭的源頭。

以 SDGs 之名行爭奪之實

目前整個世界的關鍵字是永續發展目標「SDGs」（註：聯合國的一系列目標，共有一百六十九項細項目標，這些目標將從二〇一六年持續到二〇三〇年）。我們生活所需的資源繼續以目前的速度消耗下去的話，總有一天會不夠，必須將有限的資源有效運用，即是從這樣的概念發展出的理念。

在十七項目標中，「目標十六：和平、正義及健全制度」中，提出了減少爭奪與暴力的目標。然而，為了實現這一目標，便會牽扯到其他目標、環境或資源的問題。

尤其是威脅地球的種種環境問題，例如地球暖化、水汙染、空氣汙染或森林砍伐等問題，能夠確保飲水與糧食穩定的土地愈來愈有限。而有限的土地該由誰來管轄呢？

土地的爭奪確實會成為戰爭的開關，因此為了將有限的資源重覆利用做有效的使用，維持安定的生活或經濟活動，靠的是全世界的互助合作而非互相爭奪。這就是SDGs的理念，於二〇一五年由聯合國推動政策以來，急速擴張至全世界。

然而，看看現實中擁有豐富資源的國家其實很有限，而在那些國家中，身陷貧窮狀態的也不在少數。為了追求自身國家的利益，有錢的國家聚集到資源豐富卻貧窮的國家，用畫大餅的華麗辭藻與撒錢的方式，以「支援」為名，控制、支配該地區的土地與資源，接著又在全世界糧食高漲的狀況中，在糧食戰爭上搶先獲得利益。

不是互助合作而是掠奪，於是窮苦又飽受欺壓的國家起身對抗，手持武器試圖保護自己的國家。

擁有肥沃土地的烏克蘭也是資源豐富的國家之一，與企圖搶奪資源的國家奮戰。

為了生存，該出擊搶取或坐以待斃？根本的原因果然還是來自於「貧困」。

倘若戰事永不停歇，我們能夠做些什麼？

地球的資源有限，為了生存下去需要全體人類共同來守護。聯合國推行的「SDGs」讓全世界有了這樣的意識，但另一方面，戰火卻依然頻傳；搶奪山林大地、水資源，進而剝奪當地人民的生活，產生更嚴重的貧窮困境；試圖靠武力對抗貧困而引發報復的連鎖效應。

此外，極可能演變成衝突地域間的藩籬、差異、歧視與貧困等問題，前述的現象無論在哪個國家都會發生。

即使在日本，也有為了追求資源而爆發衝突或爭奪特權等紛爭，那些自由被剝奪的人，面臨「為了生存，該出擊搶取或坐以待斃」的局面，埋下衝突的種籽。

當經濟差距日益擴大，年輕人的貧窮問題逐年劇烈。在這般「無形的戰爭」中孤立無援的人，也可能僅憑一已之力便引爆恐怖攻擊。

另一方面，為了幫助在封閉地區受貧窮之苦的人們，擴大自己的選擇權，必須跨越國家框架通力合作才行。畢竟有些改革必須用世界級的規模來進行才能成功。

話又說回來，難道單憑我們自己真的無能為力嗎？

如果，我們每個人都處於不同程度，但同樣是「所謂戰爭的日常」中，此時此刻究竟能做什麼努力呢？

曾有過，和在學校、公司裡或住家附近的人交流時需要忍耐，或者因為無法忍耐而起衝突的經驗嗎？

03

所謂的和平是擁有選擇權

——被孤獨淹沒前，來趟旅行吧！

覆蓋烏克蘭大地的葵花田

前面寫了有關戰爭的事情，本章則是重新思考「和平」這件事。所謂的和平，究竟是什麼模樣呢？為了和平我們能做些什麼？

「幸福是有選擇權」，這正是和平的條件

我常常會向在戰場或紛爭地帶遇到的人們提出這個問題：「幸福是什麼」？

很多人給我的答案是「能自由選擇想做的事。」

換言之，在戰場上無法自由選擇想做的事。像是我在日本生活，理所當然地有一大堆只要想做就能做到的事。可以吃喜歡的食物、和家人一起生活、去學校上學、放假時去玩。然而，那些身處紛爭地區的人，連這種程度的選擇自由也沒有。

被獨裁者支配、受到攻擊而流離失所、連家人與孩子們的性命都被奪走，甚至連自己判斷「想這麼做」都辦不到。這正是失去和平的國家的實際狀況。

所謂的和平是能做想做的事，每個人都擁有能自由選擇的「選擇權」。或許明天炸彈就會掉下來，軍隊召集軍人，人們被強制避難，無法和家人一起生活，因此無法過想過的生活。像這類的不自由在日本是見不到的。在這層意義上，日本可說是接近和平的國家吧。

觀察世界各國的選舉，國民選擇領導者時看重的標準之一，就是一般市民是否能過「自由的生活」。

烏克蘭也是如此，烏克蘭在歐洲地區算是最貧窮的一群，從以前就因為政府的貪汙瀆職，使國民無法過上自由的生活，烏克蘭人民已經厭惡那些腐敗政治的領導者，於是在二〇一九年的總統大選中，選出澤倫斯基為總統。

國民所得低且社會福利不夠，日子過得很辛苦的烏克蘭國民，這次選出的並不是與俄羅斯關係很深，或有可能背地與俄羅斯連手的領導者，而是沒有政治經驗的前喜劇演員，可見得烏克蘭國民對於自由與富足生活的渴望。

雖然以結果來看引發了戰爭，烏克蘭國民更加沒有自由，但國民的士氣卻很高昂。與俄羅斯對抗不僅是為了保護自己的國家，也具有「自由與民主主義陣營的屏障」的這層意義。

擺脫貧窮、渴望自由的國民，因為「不被允許自由」而挑起戰爭的強權體制或激進派組織，追求自由而掀起戰爭，而戰爭又導致自由被剝奪，在歷史的搖籃中這樣的情形一再重覆。

人們能夠做的選擇很少，被禁止的事情太多，使得生活簡直如履薄冰，難免演變成極端的攻擊或互相爭奪的狀況。如果生活上能有很多選擇，內心會比較踏實，也不會那麼緊繃，能夠冷靜判斷該怎麼做選擇。若是處在這樣的環境下，應該就能避免紛爭了。

在日本，理所當然地有「選擇的自由」，稱得上是和平的一面吧。

日本生活與世界接軌的契機

現今日本也有貧窮、孤立的一群人，「即使住在日本也沒有選擇的幸福」、「只做領日薪的臨時工，也沒有朋友」、「即使有想做的事，因為沒錢所以辦不到」，說不定有人也正感受著這些痛苦。

我從戰地回到日本後，感受到日本的生活中，有許多能與世界接軌的契機或入口。即便以為自己辦不到，但只要稍微改變看法去瞭解世界，再起而行與世界連結。

像是讀本書、研究喜歡的漫畫或電影，或去見見朋友也是不錯的方式。只要試著踏出一步，便能獲得全新的感覺，進而發現意想不到的事物。

這些事能擴大我們的可能性，想必會帶給自己另一個、新的選擇方向。

小小一個行動就能獲得嶄新的機會。

有人希望，身處戰場上的「我們」能被看見

我進到戰場取材時，希望能一邊傾聽當地人們真實的聲音，並拍下他們在戰場上的生活日常。即使在炮聲隆隆的戰火中，也不完全是令人揪心的現實，也會有人們溫馨的生活。

在那裡可以發現，他們私底下和我們也沒有兩樣，就會產生親近感，進而去瞭解生活在世界各國的人們。

另一方面，在戰場上也會遭遇悲慘的景象。那樣的場面會令我忍不住放下相機，悄悄離開現場。

大多是孩子的生命被奪走的瞬間。

某次發生了令人遺憾的事。

受到槍擊的小孩子被送到避難所的醫院裡，醫生們拼了命搶救，孩子的雙親已陷入半崩潰的狀態，遇到這種狀況我實在無法按下快門。

我放下相機，離開病房，然後靜靜等待。

這時，孩子的父親從病房邊哭邊衝出來，拉著我的手，用很大的力氣把我拉進病房，一股腦地要我拍下即將死亡的孩子的照片。

「自己的孩子即將因戰爭而死，但這件事無人知曉，彷彿會被當作沒這回事一樣。自己的國家受獨裁者支配，資訊情報被控管，這件事不會被報導給國外的人知道。所以希望能幫我拍下來。我希望外面的人知道、發現現在正在發生的事情。希望能掀起波瀾讓世界動起來，阻止那些攻擊他們國家的人。」

那位父親邊哭邊拜託我。

遭受爆炸恐攻的被害家屬心聲

其實像這樣的狀況，在恐攻現場或戰場上經常看到。希望我拍下家人的遺體，把殘忍的殺害方式拍下來，還有葬禮最後的致詞場面，希望我拍下家人痛哭流涕樣子。

我說我沒辦法拍便走到外面去，但對方拉著我的手央求，而且希望我能把照片傳到世界以及日本去。

他們只是希望外面的人能夠知道，這些正在發生的恐怖攻擊與戰爭的現實，以及眾多犧牲者的現場。

次頁的照片是在巴基斯坦醫院拍的。

二〇〇七年七月，在巴基斯坦首都伊斯蘭瑪巴德（Islām Ābād），發生伊斯蘭教神學生與保安部隊爆發衝突，占領伊斯蘭教的禮拜場所清真寺的事

巴基斯坦病院裡失去孩子的一家人

件。在巴基斯坦軍的攻擊下，死亡人數超過四十人。

由於率領神學院的領導者與阿富汗激進派蓋達組織有關，這起事件引發塔利班方面的強烈反彈，為了報復而發動激進的自爆式恐怖攻擊。

這張照片中一家人的孩子，在報復式的炸彈恐怖攻擊中死亡，他們確認自己的孩子犧牲而崩潰失神。

這家醫院送來許多因炸彈恐攻而犧牲的一般市民，現場是相當殘酷又悲痛的場面。

如果是在日本生活的人，面對像這種極端狀態一般都不會想拍照。但他們仍試圖向外界傳達自己的狀況：「請告訴外界這件事」、「我希望住在日本的人也知道恐怖攻擊下的悲劇」。

「拍下受傷的我。」

「拍下死亡的孩子。」

聽到這些聲音，我胸口也感到一陣痛楚。

我想透過照片告訴大家，在這個世界上，在喪失種種自由的戰爭現場中，有人大聲向日本呼籲：「希望有人知道在我們身上發生的事」。

理解世界，與世界連結

相信現在很多住在日本的人，也不容易有出國的機會吧，更何況是要接觸戰場，這樣的機會幾乎是微乎其微。

不過，即使人在日本，也能為和平出一份力，我是這麼想的。

第一是理解世界。不要認為戰爭是很遙遠，與我們在不同世界的人所發生的事，而要去想像他們跟我們是一樣的。

我本身初踏入戰場時，發現戰場跟我想像中的不同，炮火連天的戰火中仍有再尋常不過的日常，這件事令我大受衝擊。一想到戰地裡也有跟我們相同的日常生活，那是不是能將戰場上實際發生的事情，呈現得更貼近我們，更真實一點呢？

話雖如此，但大眾媒體或社群網路上充斥的戰爭情報，也有很多假消息，相信也有很多人不知該如何分辨真偽。

於是我在第四章將介紹該如何去看待這些情報，以及如何看穿假新聞等具體的情報收集方法。

此外，因為我的工作是拍攝戰場的照片，所以想告訴各位如何運用線索正確地觀看戰場上拍攝的照片。

第二是與世界連結，現在已是可以透過網路或社群網路，與世界各國的人們相連的時代。自新冠疫情以來，在網路上視訊通話、聊天等交流比以前更加輕鬆容易。

可是，也有人因為不會說英語也不懂對方的文化，再加上不好意思的心情而絆住了自己，始終不敢跨出那一步吧。

打破困住自己的殼，飛到外面去接觸世界的答案，就是自己「喜歡的事物」。為了讓世界更好，為了和平，這樣的說法似乎有點自視甚高，但只要是為了自己喜歡的事物，或想知道的事情，相信就能愈來愈投入。

探究自己喜歡的事情，從這個根源或衍生出來的事，或許會發現在日本以外的各個國家中，也存在同樣的事。將各位所喜好的事物向下挖掘，前方出現的或許會是烏克蘭、肯亞、波士尼亞與赫塞哥維納，圓圈會逐漸往世界擴大。

在社群網路的資訊社會裡，以個人的喜好為契機，與之前不曾見過的人相遇相識的機會也變多了。

暫時將學習戰爭或和平的相關知識，或是要把學到的觀念應用到工作上，這樣嚴肅的想法放一邊，單純地全心投入自己熱愛的事物中，將會出現意想不到的廣闊世界。

關於與世界連接的方法，在第五章會來聊聊我在世界各地是如何建立與人溝通的橋樑，在當時又窮又默默無聞的時候，我是如何開啟人生道路的，並告訴各位實際與世界接軌的方法，以及如何妥善運用社群網路。

來趟旅行吧

我想給各位的一句話，簡單來說就是：

「來趟旅行吧。」

旅行有日本國內的溫泉旅行，或去造訪世界各地的觀光地之類的旅遊，但我在這裡所說的「旅行」的意義不只這樣。

自己喜歡的事、想嘗試的事可以盡情去做，坦率地遵從自己的興趣或喜好，去看去聽去接觸。

去喜歡的店走走，或造訪平時不會去的地點。對各位來說，這種挑戰本身就是很大的力量，只要掌握到如何從旅行之中挖掘出自己喜歡的事物，便能將這樣的方法應用到其他的事物上。

或許現在也有人獨自關在房裡閉門不出，這樣的人要先跨出自己的房間，上街走一走，試著踏出第一步吧。

光是動一動身體，心情就會稍微開朗一點，進而獲得勇氣，流個汗能夠敞開心扉，鼓起勇氣走出戶外的第一步。

不要把自己封閉起來，而是去瞭解去接觸未知的世界，會很好玩的。沉浸在喜愛的事物裡，相信就能超越自然與國境，也超越自己的界限，與世界各國的人們相連。

所謂的和平是指能自由做自己想做的事。別遲疑，現在就去旅行吧。

下一章告訴各位如何找到這個答案。

對你而言，「幸福」是什麼？

04

為了世界和平，我們能做的事

——① 瞭解世界

伊拉克戰爭中拍下的母子照

我們能為世界做的事，就是理解這個世界。

大眾媒體或社群網路上被林林種種的資訊塞滿，為了理解世界，我們該如何看待這些資訊呢。此外，又該如何看穿鋪天蓋地的假新聞？

本章就來介紹為了理解這個世界我們該如何思考。

從誰的立場看戰爭——豎立視角的「柱子」收集資訊

現今只要透過網路，任何人都能接觸世界上的種種情報。包括我們個人就能自由上傳訊息的社群網路或影音網站，龐大的資訊量充斥整個世界。

關於戰爭的情報也一樣，在俄烏戰爭中，市民將拍到的交戰瞬間或遭攻擊的畫面上傳網路。

如今網路上充斥各種衝擊性的情報，想必也有人很困惑究竟要從哪裡掌握戰爭或國際情勢比較好？「關於戰爭的資訊很複雜，不知道該如何解讀」、「容易不小心以『這個人是壞人』、『這個人是好人』，這樣單純的對立構造下判斷，這樣真的好嗎？」，或許有人有這樣的疑問。

於是在每天資訊交錯四起，動盪不安的戰場中，如何實際進行取材工作，關於戰爭又能瞭解到什麼，是我想告訴各位的。

首先，我發現到的是，站在誰的立場看戰爭結論將會有所不同，也就是豎立觀看視角的「柱子」，和情報直球面對。

譬如說，如果想知道烏克蘭局勢的話：澤倫斯基總統眼中的烏克蘭、普丁總統眼中的烏克蘭，一旦改變立場，看到的烏克蘭實際狀況也會截然不同。

以哪個人的視角看事情時，建議可以在腦中豎立一根「柱子」，並有意識地改變「柱子」的視角。譬如說，「在烏克蘭生活的市民」的柱子視角；「以軍事訓練之名被帶到烏克蘭的俄羅斯軍人」的柱子視角；在採訪中遇見的一般市民心聲的柱子視角透過這些視角能瞭解到事情的面貌。

身處不同位置，看待情況與想法也會有所不同，一邊留意這根柱子的視角，盡可能用客觀的角度解讀情報。

實際前往戰場時也一樣，進行取材訪問時，並不是貿然地抱著「烏克蘭現在發生什麼事了？」這麼大的問題就去採訪，而是用「以現在這個人的視角來採訪吧。」這樣的認知去見那些人，直接親眼去看、親身去接觸、去聽、去感覺。

講幾個實際的例子吧。

「俄裔烏克蘭人」是親俄派嗎？

俄烏戰爭開打時，我先以流著俄羅斯血液卻住在烏克蘭的「俄裔烏克蘭人」的柱子視角來採訪。

迄今為止，俄裔烏克蘭人們在烏克蘭是被放在什麼樣的位置？

烏克蘭是個由不同種族與多派宗教匯集，極具複雜性的國家。烏克蘭東部以俄裔烏克蘭人居多，也有許多說俄羅斯語的人。再來是以烏克蘭總統澤倫斯基為首的猶太人，位處於離波蘭邊境僅七十到八十公里（註：大約台北市到新竹市的距離）的利維夫則大多是波蘭人，西南部則有摩爾多人族，擁有不同歷史背景的人們居住在烏克蘭這片土地上。

在地理位置上，烏克蘭地處於歐洲與俄羅斯之間。能源雖仰賴俄羅斯，但近年來，加入美國或歐盟組織架構的聲浪也愈來愈大。除此之外，烏克蘭人民中又分裂為應該與俄羅斯攜手同步的親俄派，以及邁向民主化的親歐美派兩股勢力。

親俄派與親歐美派的嚴重對立是在二〇〇四年。在烏克蘭總統大選中，由於支持俄羅斯的候選人當選，被懷疑選舉舞弊而掀起政治運動。訴求民主化的在野黨支持者用

遭俄羅斯入侵的烏克蘭主要城市

橘色作為抗議的顏色，被稱為「橘色革命（Pomarancheva Revoliutsiia）」。

於是二〇一四年，普丁總統卯足全力從受歐美影響的烏克蘭手中，奪回克里米亞，自行宣布「併吞克里米亞半島」。

因為有這樣的歷史背景，這次的戰爭也以「俄羅斯與親俄派」對「訴求民主化的烏克蘭人」的對立結構大幅報導。

因此大多住在東部的俄羅斯裔人們，在全世界的報導下容易被歸類為「親俄派」。然而實際狀況是怎麼樣的呢？住在烏克蘭的俄裔烏克蘭人的想法是什麼？每天在當地生活的他們，又是如何看待這次的戰爭呢？

於是我決定豎立「俄裔烏克蘭人」視角的柱子，來看這場戰爭。

「俄裔烏克蘭人」眼中的俄烏戰爭

我一來到烏克蘭，為了遇到俄羅斯人採取過種種辦法。話雖如此，要遇到俄羅斯人並不困難只要去餐廳或派對等多人聚集的地方，便能遇到許多俄羅斯人，能跟他們說說話、交交朋友，甚至被邀請至家中叨擾。

我造訪大量俄羅斯人居住的地區，透過遇到的人再請他們介紹其他的俄羅斯人……，宛如「稻草富翁（註：日本的童話故事，比喻用小東西最後換到高價的物品）」般一個接著一個，可以採訪到不同的聲音。

這次採訪的是祖先是俄羅斯人，但現居住於烏克蘭的人，我採訪那些人後的答案幾乎都是「不希望交戰」。

事實上，在發生戰爭前，平常住在烏克蘭的市民對俄羅斯並無敵意，而且很多人與俄羅斯保持著適當距離，交流得很順利，街道上也充斥著俄羅斯字母。在採訪的過程中，我也很意外鑾多人對俄羅斯的食物或宗教非常瞭解。

然而，即使沒有特別的敵對意識，俄羅斯人會不會有「烏克蘭應該要和普丁總統合作，與俄羅斯攜手並行」這樣的想法，現實上來說倒又不是這樣。這正是我採訪時看到的實際狀況。

採訪時也遇到很多人會這麼說：「雖然流的是俄羅斯的血，在自我認同上卻是烏克蘭」。常常將「烏克蘭東部」和「親俄派」概括而論，但其實全副武裝與俄羅斯一起開戰的人只有一部分，也就是所謂的激進派。

令人驚訝的是，生活在東部的俄羅斯人，也有很多人會覺得自己是烏克蘭人。即使有各種民族生活在同一片土地，居住在烏克蘭的人仍有強烈的「我是烏克蘭人」的意識，這是因為身處農業地帶而擁有豐沃土壤的烏克蘭被大國趕盡殺絕的歷史背景。

蘇聯時代，從一九三二年至一九三三年期間，烏克蘭發生了烏克蘭大饑荒（Holodomor，直譯為以饑餓滅絕）。然而，這場饑荒被指出是烏克蘭在當時的蘇聯最高領導者，約瑟夫・維薩里奧諾維奇・史達林（Iosif Vissarionovich Stalin）的統治之下，進行的人為饑荒。

當時，在烏克蘭採收的小麥被蘇聯強制徵收，進行農業集體化運動，並禁止使用烏克蘭語。這一事件被稱為「烏克蘭大饑荒」，烏克蘭會議中認定這是一場「蘇聯對烏克蘭人進行的種族滅絕」。

烏克蘭曾經歷過這段悲慘的歷史，之後在一九九一年終於獲得獨立。然而，二〇二二年普丁總統再度發動戰爭，進行更勝於史達林的無情大屠殺。

烏克蘭人民再也無法容忍這樣的狀況，包含俄羅斯裔的烏克蘭居民，大多認為「應該和普丁總統斷絕關係，畢竟烏克蘭已是獨立國家」。

聽到俄羅斯裔，可能會下意識認為他們的想法會偏向普丁總統或俄羅斯方，但事實上，居住在那裡的人們會說「我們是烏克蘭人」。透過採訪，我也重新感受到「烏克蘭確實是個獨立國家。」

於此同時我也強烈地認知到「俄羅斯是在入侵獨立的國家，毫無疑問這是一場侵略戰爭」。

「在烏克蘭出生的烏克蘭人」眼中的俄烏戰爭

接下來改以「在烏克蘭出生的烏克蘭人」的柱子視角進行採訪，會出現什麼樣的看法呢？

在世界的報導中經常被塑造成對立結構，但在我採訪時幾乎看不到那些人對俄裔烏克蘭人們，有敵對的情感。「烏克蘭國民大家都是同胞」、「壞的是普丁總統，絕對不能壓迫同樣住在烏克蘭的俄羅斯人們」，至少很多人是這麼想的。

從這些採訪中我看到的景象是，正因為曾有過受欺壓的歷史，烏克蘭人現在才能以開放寬容的心態，接納多樣性並支持身為獨立國家的烏克蘭。

當然，他們絕對不會認同手持槍械與俄羅斯一起攻擊烏克蘭的那些人。可是，如果有俄裔烏克蘭人，被困在東部的頓涅茨克或盧甘斯克的話，仍會視為同胞予以幫助，他們有這樣的認知。對於住在烏克蘭的人們而言，包含克里米亞半島都視為是「烏克蘭」的一部分。

烏克蘭市民的想法，在澤倫斯基總統的演說中也表現出來。

二〇二二年五月，一部分的美國人認為，「為了終止與俄羅斯的戰爭，割讓烏克蘭土地已無可避免」，而澤倫斯基總統為此進行了電視演講。

這時的澤倫斯基總統表示：「為了表面上的和平而妥協，並不是在為居住在當地的烏克蘭人著想。」、「（對主張應割讓烏克蘭領土的人）這番話彷彿不是二〇二二年，而是在對一九三八年的慕尼黑聽眾說的話」、「但是，現在是二〇二二年。」。

澤倫斯基總統的意思是，要求烏克蘭割讓領土以結束戰爭，彷彿就是像當初一九三八年的慕尼黑協定一樣，為了打消德國納粹的希特勒擴張領土的想法，而割讓捷克洛斯伐克領土，結果卻招致第二次世界大戰的慘劇。

換言之，澤倫斯基總統代表居住在烏克蘭的人們的意志，強調會守護烏克蘭領土到底。

我去烏克蘭時，理解到這位澤倫斯基總統的言論並非自說自話，而是在市民心中深深扎根。

守護烏克蘭，或許會連想到義勇軍拿起武器抗戰的印象，但會這麼做的只有一部分的人，其他人幾乎不靠戰鬥，而是以自己所能的方式支持烏克蘭。

比如說有卡車的人幫助有困難的人，載他們到目的地。知道逃難路線的人則是告訴周遭的人，大家一起避難。在檢查站替其他市民蓋毛毯保暖，或借對方手機打電話。

來到當地，伴隨著現場的溫度與呼吸的熱氣，確實地感受到住在烏克蘭的人們「支持烏克蘭」、「守護烏克蘭」的心情。為了守護烏克蘭而奮起，彼此支持的人們變成了夥伴，空氣裡滿是這樣的氣氛。

一提到戰爭，容易連想到「敵方我方」這樣的結構，但像這樣以俄裔烏克蘭人，或土生土長的烏克蘭人的柱子視角來調查實情，便明白現實其實是無法輕易定義黑白的。

實際的戰場其實有許多灰色地帶。

為何會按下引爆鈕，從對向的柱子視角看伊拉克戰爭

特意用完全相反的立場或看法來看戰爭，或許就能看出戰爭具有的各種面向。

伊拉克戰爭始於二〇〇三年。我曾貼近伊拉克人進行攝影取材的工作。我遇到的伊拉克人都很親切溫和，在我多次造訪後也會招待我至家中，所以我也交到許多伊拉克朋友。

以這些伊拉克友人的柱子視角來看戰爭，看起來是美軍毫不留情地轟炸，殘酷地虐殺伊拉克國民，對他們來說美軍是很可怕的一群人。

後來我改變立場，試圖從按下炸彈鈕的美軍士兵的角度來理解戰爭，於是我成為美軍的隨軍記者，在美軍士兵生活的軍營共同生活。

某層意義上，我是想以極端的，也就是「完全相反的立場」看伊拉克戰爭。

美軍的士兵在戰爭前線有何感受？有何想法？為何他們能夠不為所動地奪走親切的伊拉克人的性命呢？我抱著這樣疑問，首先在我面前出現的，是再普通不過的年輕人。

平凡青年犯下的殘暴行為

美軍士兵的工作年齡層是在十八到二十歲前半段的年輕男性。他們因為經過訓練所以體型健壯，全副武裝再抱著槍，儼然是戰爭電影中出現的硬漢。然而，脫下安全帽和防彈背心，露出來的是跟普通人沒兩樣的年輕臉龐。

他們對伊拉克幾乎一無所知，也不懂什麼伊斯蘭教或塔利班，也沒見過嚴格的伊斯蘭教徒，甚至連伊拉克首都是巴格達都不曉得。

待在軍營的那段期間，美軍士兵一邊聽嘻哈或雷鬼音樂，一邊與在美國的女朋友或母親打視訊電話。一旦被派給任務便會前往戰場前線，任務結束後再回到軍營，吃飯、訓練或睡覺，隔天再為了任務前往前線，宛如機器人般重覆每天的例行工作。

驅使他們動起來的原動力並非戰爭的正義，而是只要以軍人的身分工作一個月，就能獲得大筆金錢。這筆錢可以成為上大學的升學資金、創業基金或結婚基金等。

因為個人的動機，以冰冷無情的感受上戰場，第一次進到前線，在團隊裡合力完成任務，就像這樣的感覺。

對於被炸彈轟炸的伊拉克這個國家，以及在當地生活的人們完全一無所知，能夠像個機器人般達成任務，不動腦袋地扣下板機。

架著槍，隸屬多國籍軍的美國士兵

戰場上的年輕士兵

我腦中浮現「平庸之惡（Banality of Evil）」這句話。這是納粹倖存者漢娜・鄂蘭（Hannah Arendt）所提出的概念。意思是猶太人受納粹迫害的「惡」，並不是由魔鬼般的壞人所造成，而是由停止思考的平凡人所犯下的惡行。

平凡人為了替自己的家人或夢想賺錢而停止思考，沒有感受到一絲罪孽地參與這場殘暴行動。

然而，在前線作戰，看到同伴的身體被設下的地雷炸得血肉模糊，精神逐漸崩壞，也失去了自我。

在越南戰爭中被指出的創傷後壓力症候群（Post-traumatic Stress Disorder，PTSD）問題，也出現在這場戰爭中。睡不著是理所當然的，其他還有突然大吼大叫，用頭大力撞裝甲車等等，有些人精神也出現問題。

更嚴重的是這些士兵有些人回到美國後罹患了精神病，或個性變得暴力，甚至有人無法過正常的日常生活。因為想再體會戰場那特殊的刺激感，有人會重回到另一個戰場，這也是創傷壓力症候群的特徵。

我看過太多年輕人明明只是為了將來的夢想或幸福的生活才上戰場的，最後卻連回到普通的日常生活都沒辦法。這是我從反方向的柱子視角採訪下，明白的另一個戰場悲劇。

平凡的年輕人被捲入瘋狂的世界，這種事不限於伊拉克戰爭。

阿富汗戰爭時我也進到過美軍軍營，以美軍或多國籍軍的柱子視角進行戰地取材。士兵同樣還是以年輕人居多，全是坦率又隨處可見的青年。

他們以輪班制休息，休息時做的事與日本年輕人打工時的休息時間沒什麼兩樣。滑滑社交網站，在不違反軍紀的範圍內也會自己上傳內容，使用軍用網路，與家人視訊通話。

帳篷中排著約十五張軍床，從前線回來的士兵，一脫下防彈背心與安全帽，馬上就在看《24反恐任務》或《越獄風雲》之類的連續劇，也有人沉迷於音樂的電子遊戲中。

真的到處都是年輕小伙子，一聽到自己的軍號，那些年輕人便會上到前線開始開槍或開火，眼前是因踩到地雷被炸得粉身碎骨的同伴。

按下炸彈開關的美軍士兵，用這樣的柱子視角看戰爭時，映入眼簾的是一大片的瘋狂世界。

教科書裡的歷史，「此時此刻」仍在持續

還有許多可以理解戰爭的入口，好比說「戰場上的孩子們」的柱子視角。

下頁的照片是我在伊拉克戰爭所拍攝的。

伊拉克戰爭下出生的孩子

伊拉克戰爭始於二〇〇三年，二〇一一年宣告戰爭結束，這場戰爭持續了相當長的時間，所以在這期間也有許多孩子出生。

我去醫院的婦產科採訪時，看到許多人因孩子出生而笑逐顏開。這景象讓人難以想像是在戰場，而是再尋常不過的日常畫面。

他們是在戰場上出生的孩子，將來會過著什麼樣的生活呢？能夠上學嗎？從這個視角來看，是不是也能對戰爭略知一二呢？

另一個視角是，「過去曾經歷戰爭的日本」這根柱子。

我流轉在世界各國時，遇到許多透過第二次世界大戰而知道日本這個國家的人。有人透過來自己國家的日本軍人學習日文，還能流暢地說日文，也有人能哼日本童謠。我在緬甸、印度或孟加拉深山中也遇到學習過日本教育的人。

我們從歷史課本裡得知日本以前曾發動戰爭，但畢竟是過去的事，想必有很多年輕人沒有真實的感覺吧？

然而，當我踏到世界的土地上時，有很多人仍是以「經歷過戰爭的國家」的觀念來看待日本，透過戰爭知道日本這個國家與日本人民。歷史不只存在課本裡，而是實實在在與「現在」連接著，我感到相當震撼。

由什麼立場的什麼人的視角看戰爭，看法也會有所不同，所以請各位看新聞時要有意識地改變視角的「柱子」來掌握情報，一定會看到以往所不曉得的面向。

從「活生生的情報」中瞭解戰爭狀況

有些情報是要去到現場，和活生生的人接觸才能感受得到。試著接觸這樣「活生生的情報」，相信能成為瞭解當地人民生活的線索。

譬如說在俄烏戰爭中，作為主要戰鬥成員對象的十八到六十歲的成年男性，原則上是禁止出國的。這件事被報導出來後，住在日本的人或來自世界各國都出現撻伐聲「把人關在戰爭中的國家，真是太過分了！」

然而，我進到烏克蘭採訪之後，發現實際狀況跟「被關起來」的說法有些不同。烏克蘭民眾跟家人或生活的地區關係很緊密，很多人會放開胸懷去探索自己能為烏克蘭這個國家做些什麼。

當重要的母國被捲入戰火中，如果有自己能幫得上忙的，當然會想待在烏克蘭，在這裡守護國家，會這麼說的人也不在少數。不只烏克蘭人民軍，也可以經常從生活在這裡的平民百姓口中，聽到這樣的聲音。

外人的想法，與居住在這裡幾十年的人們，兩者的心態還是有差別的。烏克蘭能夠耐得住俄羅斯的攻擊，表示背後有強大的軍力支撐，這令我感受到每個人都在彼此互相幫助與支持，是烏克蘭民眾的「溫柔的團結」。

嘗試透過手機接觸「活生生的情報」吧

追求「活生生的情報」，實際踏入紛爭地區工作，經常與危險僅一線之隔。我自己過去也好幾次陷入險境，像是去伊拉克取材，在坐車移動時，槍直接從車窗對著我，差點被一槍斃命。

無論哪個國家，不要踏入私人領域是很重要的一件事。進行拍攝工作時，我會盡可能遵守該國家的規則。因此我不會隻身前往，會有信賴的導遊或口譯人員幫忙協助。

在伊拉克差點被攻擊時，跟我同行的導遊向舉槍的男人解釋我是誰，又為何會進到這裡。導遊機靈地配合對方的口音與宗教談了一下，全副武裝的男人終於放下槍，我在千鈞一髮之際獲救。

每次都是突如其來地被捲入事件，然而，在當地長大的導遊或口譯，能感受到些微的不對勁，這是身為外國人的我不會明白的。

陌生的人、不熟悉的車輛、腳下穿的涼鞋或某些重點的不同，他們靠著這些細微的線索，「說不定有人正要引發自爆式恐怖攻擊」，來察覺危機。為了能夠安全取材，不可缺少導遊或口譯者的協助。

前往當地現場，像這樣獲得「活生生的情報」，是我們身為記者的任務。畢竟一般人很難有機會進入當地吧。

然而，現在透過社群網路便能聽到身在戰場上的人們聲音。從這些人說的話以及拍攝的照片或影片，能夠聽得到真實的訊息。

現場的人看到了什麼，感受到了什麼，在想些什麼。請大家透過手機，接觸這樣「活生生的情報」。

「靠數字資訊」瞭解戰爭

另一方面，在我離開戰爭地，身處日本的這段期間，收集情報時會意識到要「用數字觀察到的情報」來掌握現場狀況。

當你人在當地，其實是無法掌握到當下事情的全貌，感覺就像是只能在大洪流隨手抓到一個人，聽他說話。

相較之下，一旦遠離當地，能用具體的數字，源源不斷地掌握戰場資訊。比如逃難民眾的人數，或戰爭發生過了幾個月，死亡人數多少之類的，以及驗證這些數字的是哪個機關。

像這樣用數字來觀察，單一的個別事件就會一個接一個串連起來，形成塊狀，比較掌握的情報。

當烏克蘭首都再度受到攻擊的新聞傳出來時，已經出現多少犧牲者呢？這個彈道飛彈的飛行距離有多少公里？如果是這樣的飛行距離，哪個地點會被襲擊呢？

待在現場的前線時，連剛剛炸下來的是飛彈還是小型火箭也不會知道，畢竟當下只顧著拚命要保護自己。不過離開前線後，待在安全的地方時，能夠以俯瞰的角度看待收到的情報，冷靜地掌握發生的事情或規模。

在看這類的情報時，要確認情報的來源與正確性。是來自聯合國或紅十字國際委員會（ICRC）嗎？或是來自烏克蘭危機管理委員會？又或是出自於俄羅斯方的聲明？將出自於各個不同出處的同一事件比較一番，有時會發現數字竟有些許不同。

這麼一比就能發現有些資訊明顯很奇怪，會令人質疑這是否是對某國家或組織有利的情報。

從被訪問者與現場感受到「活生生的情報」，以及用俯瞰的角度看待大局的「用數字看情報」。用這兩個方式去瞭解狀況，相信就能看到事件各種不同的面相。

如何看穿世間充斥的「假新聞」

這次俄烏戰爭最大的特徵就是資訊戰。資訊所擁有的力量已經幾乎強到能左右戰況以及國際情勢。戰爭變的不僅是使用武器，還能用情報攻擊對手，甚至能達到徹底性的破壞。

然而，這些資訊裡頭其實有很多是假造的。

俄烏戰爭中，使用了「深度偽造（Deepfake）」這個AI人工智慧的人體圖像合成技術，在網路上散布烏克蘭總統澤倫斯基，呼籲烏克蘭士兵投降的假影片。

其他還有像是在TikTok或X（原Twitter）公開的，一般市民的影片或投稿內容，其實是某些人為了營造對自己有利的主張所編造，或配合該主張所編輯加工的。隨著影像的編輯與加工的技術益發先進，一眼看不出破綻的影片愈來愈多。

話說回來，該如何分析情報才不會被假新聞左右呢？

小心宛如戰爭電影般「精彩的畫面」

我在看各種情報時，會特別小心過於有趣的談話內容或影像，或太動人的故事。如電影般精彩有趣的情報流出來時，我會謹慎看待：「等一下，未免拍得太好了吧？」在俄烏戰爭開始時，一看到傳出來的畫面時也驚覺：「啊！這很明顯是假的。」

二〇二二年二月二十四日，赫然出現俄羅斯軍從上空用降落傘一個個降落在烏克蘭首都基輔國際機場的新聞，也確實有俄軍士兵落地的影片。

俄羅斯軍中有使用從運輸機用跳傘降落至地面的俄羅斯空降軍（Vozdushnodesantnye Voyska），在俄烏戰爭發生以前，也曾在中東地區大顯身手。空降部隊的傘兵一一降落在基輔的畫面，我心想普丁總統的故事起頭未免太厲害。

這個時間點基輔上空的制空權當然屬於烏克蘭，烏克蘭人民軍多達二十萬人，在基輔市中心上空有俄羅斯軍巨大的運輸機，而且軍用機也進到領地的話，烏克蘭人民軍的雷達應該會偵測到才對。

明明應該是這樣，卻仍有多達幾十名的俄軍士兵降落在基輔土地上，如同戰爭片的開場，「精彩過頭了」。

我一看到影片瞬間想到：「啊，假影片的戰爭開始了。」

之後便出現一大堆類似這樣可疑的新聞或影片。譬如龐大的俄羅斯軍大型戰車，以畫弧線般行進前往首都基輔的黑白影片，彷彿二次世界大戰時代的影像。戰車如同螞蟻大軍般整齊劃一地前進，戰車在橋的前方停下來，俄軍的士兵在戰車前喝著咖啡。

這些如戰爭電影般「精彩萬分」的畫面，果然很詭異吧。大批的戰車移動所需要的燃料要怎麼解決呢？俄羅斯軍的戰車一列列地來到有正規軍守衛的烏克蘭首都前，這是有可能的嗎？仔細觀察的話會發現很多奇怪的地方。

然而，在「真正的戰爭似乎開始了」的情報交錯而來的時間點傳來這樣的影片，便會不小心相信「或許真的開打了」。我實際看到這些影片時，也一瞬間：「欸？」，然後呆楞住。

能將戲劇化的瞬間，全部拍下來的畫面很不自然

從我戰地攝影取材長達三十年的經驗來看，我深信「爆炸或攻擊都是沒有前兆，是突如其來的。因此將爆炸的全貌完美地收進相機裡，根本就不可能」。

士兵用降落傘跳傘的畫面，是要在降落前便架設好攝影機，當下跳傘的畫面拍得像電影般完美無缺，「也太奇怪了，又不是事前就知道跳傘這件事」，我的天線瞬間感覺到不對勁。

況且，相機架設的地方很不自然，從我的現場工作經驗來看，能夠進行拍攝的地點是有限的。好比說為了要拍下炸彈整個爆炸的畫面，相機架設的位置不是位在人眼的高度，得在更高的位置。在這種高度架設相機是很不自然的，我就會察覺到這種事。

我自己在以某個國家的隨軍記者進到戰場時，也會以俯視的角度來觀察狀況，幾乎無法將當場發生的事完整拍攝下來，因為不可能在事前知道「這裡將發生爆炸」。

戰地記者是跟軍人或士兵們共同生活，所以會花很長的時間待在現場。即使如此，仍不確定拍不拍得到好畫面。

即使偶然遇到衝擊性的場面，那一瞬間真的有辦法拿起相機拍照嗎？正因為很少會剛好遇到這樣的情況，真的遇到時相機電源是否足夠，或能否立即按下快門等等因素都會影響，如此可以想像，要拍下戲劇性的一刻是非常困難的事吧。

就算真的有辦法拍照，當下也根本沒空考慮到那一瞬間的照片構圖。會拍進一堆景物，或反而截掉一些什麼。有士兵、有攻擊的對象，飛彈飛來飛去等等過於完整的構圖，一看到彷彿戰爭畫面般完美的照片，便覺得果然事有蹊蹺。

雖然不能說絕對拍不到，但即使是長年負責戰爭報導的人也很難拍到的畫面大量地在網路上流傳，確實很不自然。

官方所發布的資訊也要質疑

除此之外，烏克蘭軍或俄羅斯軍各自官方發布的資訊，最好也要帶著質疑的眼光看待。播出來的有可能是假消息，即使沒有造假，也可能控管了對自己有利的情報，呈現偏頗的內容。

相反地，真實性高的資訊反而是由一般市民，尤其是逃難者剛好路過時所拍下的畫面。

譬如說，烏克蘭東部，從轟炸地帶逃出來的人們，拿著照相機到處拍攝的影像。連滾帶爬從自家的樓梯下來再坐進車裡，逃難途中被錄進去的說話聲，在開車逃難的過程中，發出巨響，回頭一看竟冒起黑煙的畫面，不會有跑馬燈、音樂鼓噪等多餘的表演。

從烏克蘭的激戰地帶逃出來的人們拍下的影像，也有許多赤裸裸的戰場寫實場面。

在俄烏戰爭中，有事實跟造假的新聞滲雜在一起的大量情報，上傳到社群網路上。在確認新聞的真偽中，我自己也學習了製造假新聞的方法與情報傳播的方式。

迄今為止以電視為中心的主要報導方式，是以完整的幾分鐘畫面將新聞傳送出去。然而最近則是流行 TikTok 或短影音，將「爆紅」的畫面截取下來，透過網路，以迅雷不及掩耳的速度傳播至全世界。

像這種影片的力量在這次的俄烏戰爭中，或多或少都引發世人對烏克蘭的同情，成為支持的力量。

照片是想像力的開關

在戰爭現場所拍到的照片非常多，本書中也刊登了我在世界各地拍攝的照片。然而，對住在日本的人來說，發生戰爭的國家距離自己很遙遠吧。

在去都沒去過的遙遠國度所發生的事，跟自己無關的事件。因為這樣的距離感，幾乎沒有機會當成自己的事好好思考。對這樣的人來說，在戰場或世界各地所拍下的照片，可能覺得「沒什麼想法」、「不知道該如何去看這件事」。

我認為「照片」即是想像力的開關，即使照片裡是自己不知道的地方，穿的衣服或吃的東西都很陌生，但從不同的觀察角度來看，即使只是一張照片，也會有各種不同的發現進而撼動自己的感情。

接下來，我想實際帶各位一邊看照片一邊聊聊。

坐在地上的女孩們的照片

請看看次頁的照片。各位有什麼感覺呢？

聚集了許多包著頭紗的女孩子，坐在地上。

這裡是哪裡呢？

包著頭紗的女孩子們

照片上的那些女孩子似乎是一起上同間學校，年紀相仿的孩子們。這裡想必是學校教室吧。那麼，她們現在在做什麼呢？應該是在聽老師說話吧。或是在上課呢？

請像這樣想像照片中的狀況，再和自己所知道的事情比較一下，或想像一下「如果是學校應該會有什麼東西」。

這麼一比，慢慢就會覺得怪怪的了。如果這裡是學校的話，和一般認知中的學校也太不一樣，並不是一個人一張桌子和椅子，她們是直接坐在地上，而且是擠在狹窄的地方依偎坐著。

而且教室的模樣也很樸素，如果是日本的教室，會有溫馨的裝飾品或學生們畫的圖之類的，貼著各種東西。而且她們的表情也很暗淡，也沒有拿課本、筆記本或文具的樣子。

其實這張照片是我在阿富汗內戰中的某所學校拍攝的。當時這間學校位處戰場最前線，建築物被破壞、窗戶也破了，靠當地的大人們和學校老師努力清理與修繕，終於能讓當地的孩子們聚集在這裡。

而且仔細一看，裡頭全是女孩子吧，因為阿富汗國民幾乎是伊斯蘭教徒，所以這間學校也遵守伊斯蘭教義，男女生在不同教室上課。

與各位熟悉的教室不同的地方在哪裡呢？用比較的視角來看，其實就能從照片中深深感受到伊斯蘭教的思考方式、生活習慣或戰爭下的學習場地。

當時的阿富汗，由於塔利班武裝組織與美軍在前線激烈交戰，而身處在戰火之地，大人們拼了命地死守這間「戰場的學校」。即使失去了許多東西，重要的生活一一被破壞。然而坐在地上也無所謂，孩子們就是想學習。雖然沒

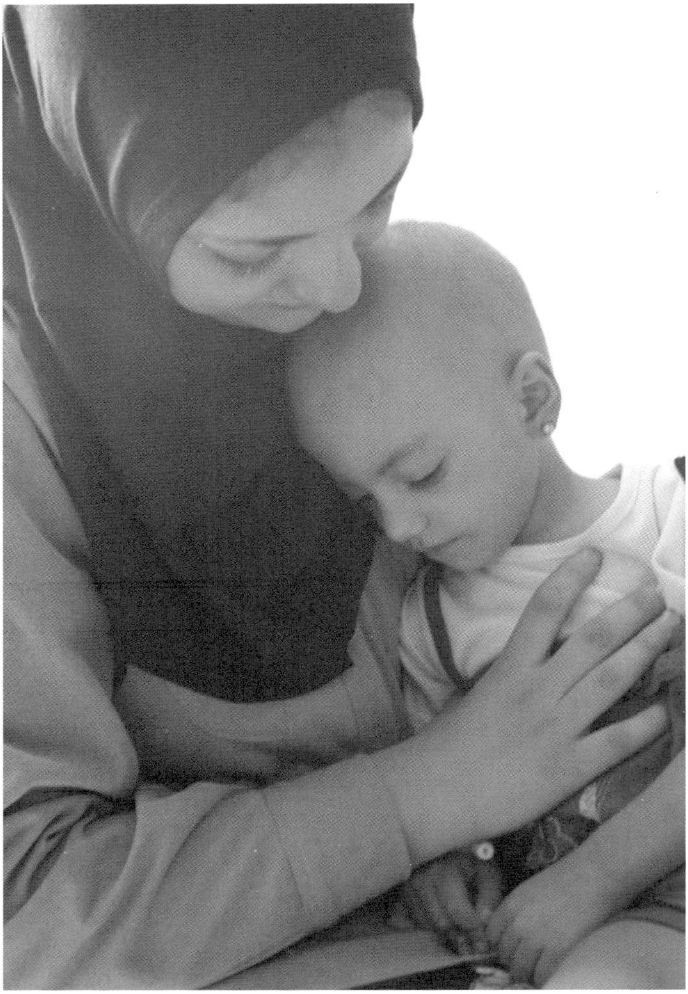

懷中抱著孩子，包著頭紗的女性

有愉快的氣氛，但聚集在一起或許能有所改變的希望。

像這樣僅從一張照片便能想像戰場上的孩子們或同地區的大人們的想法。

女人抱著孩子的照片

再介紹右頁的照片。

包著頭紗的女人抱著孩子的照片，看起來是年輕的母親，抱在懷裡的孩子大概三歲吧。

看到這張照片，或許有人會擔心「發生什麼事了嗎？」，因為孩子沒有頭髮，似乎有一點瘦，看起來沒有精神，那位母親也垂頭喪氣。

這張照片是在伊拉克醫院所拍攝的。

這個孩子罹患了白血病，雖然接受治療仍每況愈下，骨瘦如柴，頭髮也掉光了。那位母親懷裡抱著孩子，邊哭邊要我幫她拍照，之後孩子就病逝了。

這個孩子也是在因戰爭的爆炸與空襲被破壞殆盡的城鎮上出生，由於伊拉克戰爭中有一部分攻擊使用了化學武器，受到影響而出生的嬰兒或小朋友中，有許多孩子罹患了白血病或癌症。

在日本，廣島、長崎也因為核爆的影響，遭受了核武的汙染，許多人也罹患了白血病。戰爭結束後，生命的戰爭也持續開打。

從這張照片也能清楚得知，所謂的戰爭並不是士兵停火就會結束的。在戰爭結束的城鎮上，新出生的小生命就這樣被奪走，簡直可說是「第二場戰爭」。這樣的情況在伊拉克，甚至是全世界曾發生戰爭的國家中都無聲地持續著。

像這樣從一張照片讓想像力膨脹，將原本理解的，關於戰爭場面的知識與現實瞬間連了起來。照片與影片不同，是靜止的，正因為只將那一刻截取下來，想像力才可以無限擴大。

從年輕人的角度來看，從勞動的大人來看，從育兒中的人或高齡者的角度來看，或許每個人的感受方式都不同，可是找出照片中自己清楚的事物，或與自己生活的共通點，或是找出與自己的生活不同之處，按下想像力的開關，思考就會開始啟動。

可以和誰聊聊，也可以問問自己「為什麼？」、「這是怎麼回事？」，或許就容易將自己感受到的事物，化為語言呈現出來。

對我而言，剛剛介紹的兩張照片充分呈現出真實的戰場，是極具印象的照片。雖然沒有拍出殘酷虐殺或濺血的樣子，但「戰爭」就在日常也會有的風景中，像學校或親子這樣熟悉的畫面，彷彿正要跟我訴說什麼。

一張照片就能開啟想像力的開關，不只戰爭的照片，像是廣告照片、新聞或雜誌的照片也有同樣的力量。請各位用手中的照片擴大各種自己的想像力。

平時看電視或社群網路的情報時，是以什麼角度與立場看待的呢？

05

為了世界和平，我們能做的事

——② 與世界連結

在基輔攝影取材中的作者

為了世界和平，我們能做的第二件事是與世界連結。那為了與世界連結，我們能做什麼呢？

本章會從社群網路或電視發送訊息的經驗，以及與世界各地人們建構連接橋樑的經驗，來介紹尋找與世界連接方法的重點。

靠發送訊息與世界連結

近年來，可以與世界連結的社群網路，再也不能忽視它的重要性。我自己也是利用社群網路，上傳自己在戰場收集到的「當下」的資訊。

尤其是俄烏戰爭開始之後，我幾乎每天會利用X（原Twitter）、Instagram、TikTok、部落格，又或者用聲音媒體的Voicy，告訴大家烏克蘭的情勢。

我之所以會致力於用社群傳達訊息，是希望對遠方戰場發生的事情，對戰爭或國際情勢沒興趣的人，也能收到這些資訊。

我以戰地記者的身分，開始上電視節目等大眾媒體是在二〇一〇年左右。在這之前是以自由攝影師的身分拍攝戰場照片，將採訪內容以新聞報導或雜誌報導的形式上傳至網路，就是我主要的工作。

然而某次受到某電視節目的邀請，那是聊聊各種職業工作時祕辛的談話性節目，而且還不是新聞或報導性節目，而是深夜的綜藝節目。

我當時煩惱身為在戰場工作的人，談論有趣的祕辛適合嗎？我向教我攝影的師父討論，他建議：「不要管是什麼種類的節目，只要有能傳達戰場情況的機會就去試試」，於是我決定上節目。

自此之後便有愈來愈多電視節目的邀約，上節目時會拜託製作人讓我稍微介紹戰場的照片。

自從上節目之後，我深刻感受到一件事，那就是或許這是一個機會，讓許多透過看電視這樣的大眾媒體，讓客廳看電視的孩子們瞭解到國際情勢。

一邊吃飯，一邊跟家人一起看電視，戴著貝雷帽，蓄著鬍子的叔叔出現了。

一邊看電視，小孩子突然冒出疑問而問家人：

「媽媽，這個留鬍子的叔叔說的阿富汗是在哪裡？」、「為什麼會發生伊拉克戰爭呢？」、「叔叔拍的照片裡的小孩為什麼在哭？」、「戰爭是什麼？」……。

像這樣，不是在解釋性的談話中，而是在一家和樂地看電視聊天時出現戰爭的話題。之後在學校上課時聽到關於戰爭的事，也會帶著興趣認真聽講。

若能讓大家獲得這樣的契機，我會非常開心。就好像在之前接受不到戰場資訊的人，與祈禱希望外界能瞭解戰場狀況的人之間，架了一道橋樑的感覺。

年輕世代想接觸戰場的理由

我發現大家，尤其是年輕世代特別想上戰場，因為我在戰爭取材時看到「戰爭的犧牲者都是小孩子」。

希望各位能夠知道，就算是現在仍有許多孩子或年輕人因戰爭而犧牲。我希望接觸這些人的生活，看看會有什麼樣的體會。

會從報紙或雜誌上閱讀戰爭報導的人，幾乎是關心國際情勢的人。然而我希望對此沒興趣的人，也能知道戰場上發生了什麼事。「來學習關於戰爭的事情吧」，並不是那麼嚴肅的場合，而是以更輕鬆的感覺來感受世界。

而如今環境改變，以前接收不到資訊的人現在也能用各種方法獲得資訊。不僅如此，接收到的資訊品質也有所改變。

我當初去戰場取材時，仍是用底片拍照的時代。將戰場上拍到的照片帶回日本，洗出來後再拿到雜誌或新聞的編輯部，送到各位讀者面前時已經落後了大段時間。

之後，攝影環境也逐漸變成數位的，現場拍到的照片透過網路立刻就能傳到編輯部，可以將現正發生的狀況直播似地送到眾人面前。

再來就是社群網路的時代，我想傳達的想法，不再需要透過編輯部等過濾，可以由我本人直接上傳到網路上。換言之，我一個人就是編輯部、一人媒體。

尤其是戰場上接觸過的人們聲音，或我親眼見到的景象，都能直接傳達給讀者，成為戰事報導上很大的轉捩點，上傳內容的速度感或情報的傳達方式，有了一百八十度的大轉變。

我當初接觸社群網路時並不了解該如何運用，摸索著每天要上傳的內容。現在已慢慢實際感受到社群網路能與世界上的每個人直接接觸，但我仍是一邊觀察大家的反應，每天都在摸索更適合的傳達方式與更良好的連接方式。

另一方面，正因為不透過媒體或編輯的媒介，該送出何種情報，該如何與世界連接，自己必須負起責任好好來判斷才行。

這不僅是我或屬於傳達情報類工作的人，而是使用社群網路的所有人都不可或缺的觀念。

思考「真的該傳達這種事嗎？」

我個人上傳資訊時會注意的是，不要刊登太過悲慘的情報或照片，避免因為上傳慘不忍睹的殘酷戰場場面，不經意地傷到人。

在實際的戰場上當然會看到殘酷的攻擊痕跡或死亡，也會拍下來。可是，將這樣的照片傳到眾人面前真的好嗎？一旦要上傳資訊時，我會先自問自答：「真的該傳達這種事嗎？」。

不要將殘忍的照片直接上傳到網路上的作法，是我作為戰場攝影師一邊累積經驗，一邊思考「我想傳達的情報是什麼？」的過程中，決定下來的。

還在使用底片相機的年代時，拿著洗出來的照片，到一間間報社或雜誌社尋求機會。當時經常被要求的是呈現出戰場殘虐無情的震撼照。說得極端一點，就是會被要求「有沒有遺體的照片呢？」

然而，實際在戰場見到能打動我心的，並不是激烈的戰鬥痕跡或殘忍的畫面，反而是與戰場比鄰而居的一般家庭或孩子們不經意的日常生活。當我還是初出茅廬的新手時，也會想殺進前線拍下激烈交戰的瞬間，但現在我會選擇戰場上蘊藏的溫馨日常生活照。

在「要傳達什麼樣的內容呢？」，這樣的想法中中隱含了自己所堅信的理念、感情以及自我本身的個性。

上傳內容前想著「萬一」、「萬一」，冷靜多看幾次

以前我曾跟各個國籍的攝影師一起工作，有英國人、加拿大人、奈及利亞人、智利人，以及身為日本人的我。我們在同樣的拍攝地點奔走，同樣都在拍照。

之後將每個攝影師選出來上傳的照片一比，絲毫沒有相似之處，每張照片都完全不一樣。

依照每一個人的成長環境，以及那些人所擁有的個性與想法，選擇照片的方式截然不同。想必在挑選照片時會一邊想像看照片的對象吧。如果是我的話，想到的還是日本人，尤其是日本的孩子們。

我之前去世界各國取材時，完全不覺得有將自己是日本人的感覺帶到工作

現場，當發現自己竟然有「日本攝影師」的自我認同時，感到大吃一驚。

「真的該傳達這個嗎？」

其實關於這個問題，遠在社群網路誕生之前，我在世界各地遇到的攝影師或記者，每每都會給我這樣的建言。

上傳照片或文章之前，要把「萬一」、「萬一」當作口頭禪，反覆提醒自己。意思是上傳之前先把照片放置一段時間，重新審視自己意圖傳達的事情。「萬一」是很危險的照片呢？「萬一」產生誤會的話呢？就這樣按下上傳文章的按鍵，真的沒問題嗎？

我認為這樣的詢問方式，在各位上傳內容至社群網路時是很有效果的。寫完部落格的文章，不要馬上點下「投稿」鍵，而是先稍微深呼吸，一邊問自己「萬一」、「萬一」，並冷靜地重新看待自己上傳的文章。

社群網路能夠將想到的、感受到的，甚至是當場見到的，即時且赤裸裸地傳達出去，能夠與之前沒有關聯的人們或地區接觸，是相當方便的工具。正因為能夠毫無時差地直接與世界接軌，上傳內容時請將「萬一」、「萬一」當作口頭禪，冷靜地再三確認。

而且更重要的是，不要將自己的所拍攝的內容加油添醋，而是傳達出內心的感受。

以這樣的態度妥善運用社群網路，是不是就能感受到自己與世界相連呢？

不煽動不安、不散播恐懼

一想到上傳有關戰爭的內容，或許有些人會認為一定要表達自己的意見或主張而過於用力，但我認為反而是要放鬆力道，輕鬆地善用社群媒體。

世界上存在著各種不同想法的人，有主張反戰的人，也有人認為為了和平必須開戰。在社群網路上有時會出現立場不同的人們之間掀起對立，也親眼目睹過謾罵侮辱的情景。像這樣的場面明明只是戰爭一部分的面貌，但我們就是容易只關注激烈的場面。

然而，在社群網路上用激進的言行引起矚目，或作為商業用途使用社群網路的人以外，幾乎對所有人來說，社群網路只是上傳一小截日常的瑣事，藉由喜歡的事物或支持自己的人與世界連結，不是嗎？

我發現，其實比起企圖攻擊人的人，希望能踏踏實實彼此開心交流的人比較多。

社群網路上既有樂觀的聲音，也充斥負面的消息，難免會形成封閉性、破壞性的環境，但我想或許現在是過渡時期，當這個波瀾成熟時，就會進到下一個階段吧。

社群網路會因演算法與使用者而顯示不同的情報，用輕鬆愉快的心情上傳內容的人，就會把快樂的世界牽引拉過來。相反的，上傳激進且攻擊性內容的人，就會交到類似的同伴。無論好壞與否，端看自己想怎麼交流來選擇使用方式，正是社群網路的特點。經常散播煽動不安或恐懼的情報，就會同樣招來不安或恐懼，因此我自己盡量不散播這樣的內容。

欲傳達事實時要避開「形容詞」

上傳內容的時候，在那個場地該向什麼樣的對象傳達什麼樣的事情？將情報整理到某種程度，重新組合之後再傳達出去的方式也不錯。

我自己也是一樣，如果受到電視節目邀約談論俄烏戰爭的事情時，為了在一分鐘的短時間內明確說出要表達的內容，我也會在事前重新看過採訪稿，把重點整理下來。

我會用關鍵的字表達見到的或收到的情報，而且談論戰場或國際情勢時，不太會使用形容詞。

使用「恐怖」、「慘烈」，這種每個人的感受方式各不相同的形容詞，傳想達的內容便會變得有點「模糊不清」。想要完整地傳達事實時，別使用曖昧的詞彙，為了讓人馬上就能掌握狀況，傳達方式需要更簡潔扼要。

而合適的傳達方式，照理說會因為上傳的內容或地點而有所不同。

分享資訊的能力也能成為保護自己的武器

我認為分享資訊的能力是保護自己的武器。因為成長的環境與文化有所不同，即使不知該如何與對方建立關係，也能透過分享資訊的方式，讓對方瞭解自己而有交到朋友的機會。

「我是這樣的人。我喜歡這種事物。」先不問領域，試著發出這樣的訊息，對此有共鳴的人就會接住自己。即使剛開始會擔心能不能跟對方好好相處，但沒想到對方也對自己很瞭解的時候，不僅能防止糾紛的發生，彼此也能變得親近。

所謂的分享資訊絕對不是攻擊的力量，而是如合氣道般接住自己或對方。讓對方瞭解自己，相信就能成為保護自己的力量。

追求「自己的喜好」，道路會隨之開啟

現在日本有許多年輕人沒有工作或家庭之類，屬於自己歸屬的地方，而陷入孤立狀態。始終找不到穩定的工作，只能打臨時工來糊口，甚至也有人睡住都在網咖。

該怎麼做才能脫離這樣的環境，與世界「接軌」呢？

追求自己的「喜好」，道路反而能隨之開啟。這是我從自身經驗中挑選出脫離貧困與孤獨的方法。

在菜鳥攝影師的時代時，我每天也是窮得苦哈哈。把照片拿到報社或雜誌社

卻連一張都沒被採用，身為攝影師卻賺不到錢，「自稱」自由工作者的戰地攝影師。為了生活在港口做著日領的臨時工，在港口的倉庫一股腦地堆著香蕉，拿著微薄的日薪，隔天又做領日薪的工作，因為不是正式的工作很難跟人接觸，體力也到了臨界點。

當時我思考的是「臨時工賺來的錢要用在什麼地方？對我來說最佳的使用方式是什麼？」堆了一整天的香蕉，日薪大約是七千日圓。這個金額用在睡覺、三餐與娛樂的話，一下子就會花光。

於是我決定把錢集中用在最喜歡也最擅長的事情上。

對當時的我而言，就是造訪全世界自己沒去過的國家，拍照攝影。除此之外的事情，比如每日的餐費會盡可能縮減，取而代之的是，我會集中精力去尋找能去到離東京又遠，卻又便宜的機票，並思考如何賺取機票錢。

做幾天領日薪的臨時工，就存到來回非洲最便宜的機票錢。存到錢買了機票前往非洲待個幾天，回來之後，又一邊找出最便宜的機票，持續做著領日薪的臨時工作，重覆這樣的模式。

將金錢與心力集中在自己的「喜好」上，將有意想不到的發現。

尋找便宜機票的時候，我認識了跟自己有相同「喜好」的攝影師與記者。他們大部分都跟我一樣沒什麼錢，打臨時工。變熟識後，除了便宜機票的資訊外，也會告訴我其他「如果同樣都做領日薪的工作，比起堆香蕉，堆奇異果薪水比較高」，像這樣具體的情報。

我也不會等著別人跟我說話，而是自己主動共享情報。

「去那個地方，可以拿到更便宜的機票哦」，由自己發出訊息，自己主動丟出話題。

而且，提供自己喜歡又擅長的相關情報，如此一來，便能與跟我有類似遭遇的人、去戰地取材的人，或在世界各地飛來飛去的攝影師們建立連結。

自己主動開口才能產生連結

靠領日薪的工作存下來的錢幾乎都花在旅費上，已無暇顧到住宿費。所以我常常住在背包客聚集的便宜旅舍，從世界各地，跟我一樣一個人旅行的年輕人聚集在那裡。

雖然乍看之下看不出來，但跟對方一聊，發現大家都很孤單，都是有「孤立」

感的人。所以我試著聊「這個背包是幾公升的？」、「這雙鞋子是登山鞋嗎？」、「你身上穿的襯衫挺不錯的呢！」，主動搭話後彼此間的氣氛頓時變溫和，大多會開始聊起來。

主動搭話需要勇氣，也會覺得有些人的第一印象很恐怖吧。然而，不要只是「哈囉」打完招呼就結束了，要具體開話題，聊一下。如果談話被打斷的話，只要認為對方不想聊天離開就好，回答對方問的問題，當話題愈聊愈起勁時，就能享受那樣的交流。

年輕時我常常住青年旅館，在那裡我主動向人搭話時，似乎大多數人都是開心的。現在想來，原來也有人跟我一樣孤單寂寞啊。

用自己喜歡的事情，有興趣的領域為切入點打開話題，會發現與跟自己相同境遇的人相連竟然如此簡單。對類似的事物打開天線就能交到朋友，有機會彼此互相交流有益的情報。

以朋友圈為契機，對喜歡的事物就會愈來愈積極，「自己喜歡這個」、「自己往這個方向努力吧」，於是便發現與社會接軌的入口。

目前沒有工作，甚至也沒有朋友或可以依靠的人，每一天看不見生活出口的人，即使只是領日薪的臨時工也務必要去做，請想想自己喜歡或擅長的事，思考把手中那些錢與自己的時間集中在哪裡才是最有效率的。

透過喜歡的事物來產生連結，踏出這一步是不是就能成為脫離孤立的出口呢？

與世界接軌的第一步是走出自己的房間

尤其是現在還沒有穩定工作的人之中，或許有人是關在家裡閉門不出的。我在做臨時工時，一旦把自己關在家一段時間後，就變得難以走出去，因為有這個經驗，所以我很清楚。

可是，只要走出去就能有新發現，也會發現與自己相同遭遇的人，感受一下會讓心情好的天氣或季節，心情便會自然開朗起來。

我身為戰場攝影師，每每去國外都會動一動身體，心情就會變得很舒爽。常常說動一動身體就會有新點子，所以只要走一站的距離，也能將自己的思緒整理清楚，保持正面的心情。各位是不是也有這樣的經驗呢？

「為了與世界接軌，自己能做什麼」聽起來似乎很誇張又很難，「試著走出自己的房間」——我相信只要這麼做，就是與世界連結的第一步。

一走到戶外心情就會變開朗，動動身體去工作，就能產生與自己的喜好連結的機會，一小步一小步地累積起來，沒想到就與廣闊的世界連接起來了。

用「自己的喜好」與全世界的人相連

我現在也仍然用「自己的喜好」與世界相連，那就是接觸世界情勢。用照片的形式留下記錄，輾轉在世界各國，與各個國家的人們聊聊，然後再將自己的所見所聞，以及所接觸到的傳給其他人。

收集或調查戰場資訊需要花費很多時間與精力，但因為是我「喜歡的事」所以能持續下去。

如果我是公司員工，不是出於本身的意願，而是以特派員的身分被外派到國外的分公司，還要我每天寫五千字的文章，或許會無法持續下去。正因為是出自於自己的意願，決定「因為喜歡這件事而作為我的志業」，這便成為我持續下去的動力。

喜歡瞭解戰場以及傳達戰場現況，所以每天都在摸索書寫這件事。自己重讀原稿時可能會有什麼發現，也會因為別人的指教而發現自己的書寫習慣。像這種學習的根源，果然是來自於自己的「喜好」、「瞭解戰場」、「傳達戰場狀況」的心情。

熱衷的事物前方存在著連結

即使人在日本，也有許多方法與世界各地的人們連結，為了達到這個目的，第一步就是請大家想想自己「真心喜愛的事」、「有點興趣的事」、「想試試看的事」，然後盡量去做。

無論是漫畫也好、電影也好、流行時尚也好、美食也好、自行車也好、釣魚、照相也好，無論是什麼領域都無妨。只要投入到自己的喜好裡，沒有理由，一定會遇到與自己擁有相同感覺的人。

即使會花一點時間，只要找到自己容易上手的風格形式，就嘗試全力投身進去，相信前方必定有你與世界連結的瞬間。

應該也有人因為戰爭的新聞對烏克蘭產生興趣，各位務必要試著用「喜歡的事」或「想瞭解的事」為入口，與烏克蘭連結。不需要嚴肅的主題，像是烏克蘭的流行時尚、美食、歷史、電視、電影或喜劇節目等等都可以。

從自己的「喜好」開始的話，便不會過於費力，能以輕鬆的態度瞭解世界上的人。而且，即使開始只有一小步，一點一滴地累積，說不定還能交到烏克蘭的朋友，支持同樣事物的好夥伴。

「現在我們能為烏克蘭做什麼呢？」、「為了世界和平我能做些什麼？」思考這些事當然也很重要。然而，在那之前瞭解世界，與世界連結的入口其實近在咫尺。務必要明白，各位的「喜好」一定能成為與世界接軌的力量。

投入捐款箱裡的錢真的送到戰場上了嗎？

再稍微更直接地與戰場接觸，就是作為支援方法的捐款。關於捐款這件事，或許也會有懷疑的聲音：「投入捐款箱裡的錢，真的有送到受戰爭之苦的人民身上嗎？」

其實我也有這樣的疑問，我曾以攝影師的身分追蹤過募款金錢的流向。我那時調查的募款活動所獲得款項，真的從日本飛過了大海，確實地送到了美國的叢林，變成居住在那裡的孩子們的制服，所以能證明捐款的流向。親眼確認過這件事後，往後我對捐款便更為積極。

不過，其中也有款項流向不透明的募款活動，尤其是政局不穩的國家，當地的有權者捲走了部分款項，這樣的情形的確是很有可能的。雖然很遺憾，但知道政局不穩定的國家真的會發生這種事，也是很重要的。在民主主義國家中，即使大家都認為「做正確的事是理所當然的」，但仍有很多人是生活在真理行不通的環境中。

為了不讓捐款流到蠻橫貪汙的有權者身上，事前調查對方是否為能夠信任的募款團體是很重要的。是否由國際團體所經營的募款團體也是一個判斷條件。此外如果有管理金流的人，有人在監管，或有回報捐款流向的報告，想必就能成為是否要把錢投入募款箱裡的判斷基準吧？

在日本，志工或募款的活動也慢慢變多。尤其是年輕人會舉辦各式各樣的活動。企圖用不正當的手段捲走款項的團體再怎麼說應該還是少數派，但不可諱言，的確是存在這樣的事情，各位應該要明白這個事實。

另外，近年來社會企業（Social Enterprise）（註：社會企業是一種追求三重盈餘——經濟、環境與社會，永續經營的新商業模式）這個概念也開始擴大。這是用經濟手段來解決社會問題，為了這個社會，做我們能做的事吧，同時也能確保利益，也是打造每個人過著和平富足生活的國家概念。

近年來也出現ESG（Enviornment, Social, Governance）投資這個關鍵字，是指在做投資決策時，不只著重財務情報，也要考慮環境、社會與企業治理等因素，這樣的社會企業的思考概念逐漸擴大，我認為這個概念的原點是來自於從古至今扎根在世界各國的宗教觀。

換言之，不同歷史背景的人們共同生活在一起，有能力的人幫助沒能力的人，替對方解決困難，每個人互助共生的想法並非現在才開始，而是從古至今就支持著人們的生活。

與其說是新的社會運動，反倒像是再度把關注，聚集在打造世界各地人們共同生存的根基上，這是我看到的社會企業。

各位的興趣或喜好是什麼？

06

瞭解日本現今所處的位置

311 大地震後，岩手縣陸前高田到廣田的路被封閉

在前面的章節，我思考的是為了和平所能做的事情。

在本書的最後一章，我們來把焦點移到我所生活的日本吧。從世界眼中的日本，受災地的日本，以這兩個觀點來思考和平這件事。

「奇蹟之國──日本」難以維持

世界上各式各樣的國家發生紛爭或恐怖攻擊，但在世界地圖上屬於小小島國的日本，靠著經濟與文化的實力，在戰敗後奇蹟似地成為和平的國家，從世界的觀點來看，日本可說是長年的「奇蹟之國」。

然而，日本已經面臨難以維持「奇蹟之國」的局面，因為在日本也發生孤立無援的年輕人對政治家發動恐怖攻擊的事件。

接著再放眼世界，如同我在第二章談到的，一個國家已經無法單靠著自己的力量，守護自己的國家，要組織軍事同盟，將強大的力量轉化為嚇阻的力量，加快在國家間取得平衡的速度。

即使現在的國家彼此是平衡的，也可能在某一瞬間跨越那一條界線，說不定之前一直被欺凌的國家與人民會紛紛站起來，群起奮戰。像是從蘇聯時代擁有強權的一部分人獨占權力與利益，烏克蘭人民為了自由發起俄烏戰爭。類似這樣的狀況，今後也可能以某種形式再度發生，這是可以預料的。

在這樣的世界情勢中，只有日本跟戰爭扯不上關係，真的是很非現實的一件事。

事實上日本近年來也圍繞在修憲的議題上，對於這個議題也有很大的反對聲浪：「一旦修憲，日本不就成為發動戰爭的國家嗎？」

立場。

在灰色地帶短兵相接，不定義黑白的日本況味

我認為日本最擅長的就是不定義黑白，不給出明確答案，堅守灰色地帶的立場。

修改憲法解釋，可以行使集體的自衛權，但身為經歷過戰爭的國家，日本是提倡和平主義的。因為擁有這樣的矛盾，連國會也掀起議論，不定義自己是否為開戰國家，搖擺不定，維持灰色地帶。

有共同假想敵國的世界各國之間組織軍事同盟，「一旦假想敵國有動作就合力守護」，用彼此的力量成為嚇阻之力，保持力量的平衡。日本國內有美軍駐留，美日安保條約成為一面盾牌。日本與美國的假想敵國，可以說是中國或北韓吧。

如果現在那些國家突然做勢要攻擊日本的話，美國肯定會動起來。如此一

來，與美國締結軍事同盟的國家也會有所動作，於是形成如過去一般大規模的對立結構。

像這樣「日本背後有美國撐腰，不能輕舉妄動」的狀態，能夠對假想敵國發揮抑止的作用，就目前來看，這樣軍事同盟的戰術是有用的。

借用軍事同盟的力量，但不會越線。一旦越線便無法阻止，所以要活用日本強大的外交，保持著曖昧不明的中間線。

過去美國曾有一部戰爭電影《紅色警戒》（The Thin Red Line）。原文的「Red Line」指的是一條不可跨越的線，加上「Thin」強調又細又薄，意指「絕對不能跨越的警戒區，最後的界線」。

在這個「紅色警戒」中，不可跨越的警戒區搖擺不定，卻沒有按下開戰開關，從世界的角度來看，這樣的作法的確很有日本的作風吧。這種「模稜兩可」的態度，我認為正是日本強項。

可以預料今後的國際情勢將會有各種動作，戰爭是偶發性發生的，即使覺得不可能發生戰爭，也很常回神過來後發現已經被捲進戰事裡。

即使不是日本發生戰爭，而是台灣或北韓發生戰爭時，也要考慮大批難民蜂湧至日本的狀況。日本國內出現不同意見，國內的衝突也變得激烈，因為這些緣故，想法極端的恐怖份子出現在日本的可能性也不是完全沒有。

即使如此，日本今後依舊會使出擅長的打太極這一招，在灰色地帶中保持平衡吧。自民黨政權若繼續如此強硬的話，未來修憲成功的可能性也十分高。只不過如果真的修改了憲法，也不至於日本從修憲後的那天開始，就變身成發動戰爭的國家。

然後又產生「新的灰色地帶」，加上新的詮釋，繼續在各個國家之間小心翼翼，不越過「紅色警戒」，摸索灰色地帶的立場。或許日本出自於本能地喜歡與追求這樣的處事態度吧。

質疑所謂的「正確」

加速參與有明確假想敵國的軍事同盟，但在另一方面，個人間的國與國的高牆正逐漸消失。可以看到網路上透過工作或興趣，與各地不同國家的人相連的情形。

視訊會議的環境已經很成熟，自動翻譯技術也愈來愈精湛，無論身處地球的哪一端，任何人都可以一起工作了。

我很期待這些年輕世代的人們對世界的感覺，以及新的商業模式。不能只有日本是封閉的時代，在多樣性增加的環境下，希望能思考出與「日本人守護著原有的利益」、「日本的生活可能遭受威脅所以要排除」這樣，完全思想迥異的方法，能夠在網路上創造共贏且嶄新的利益分配方法。

不定義自己的立場，不製造對立關係，柔軟地接納各種多樣性。

要達成這樣的目標的條件之一，「質疑所謂的『正確』」的想法就很重要。自己覺得「正確」的事，換個視角的話還會是「正確」的嗎？退一步來看，試想看看自己覺得「正確」的理由，是不是由某一方的立場所決定的呢？是不是強迫某些正確性而造成某個人的悲劇呢？冷靜地回頭看看。我認為這對今後是很重要的一件事。

311 大地震後的陸前高田

我在東日本大地震的受災地見到的光景

俄烏戰爭持續至今，世界情勢依舊動盪不安。現在仍有許多人流離失所，為了逃離戰火而去避難，被迫跟家人分開生活。然而，戰況一旦穩定下來，也會看到有人再度重回家園。

看到這些人的身影，我想起二〇一一年三月十一日，日本發生的東日本大地震。我在地震發生後，馬上動身前往岩手縣災情最嚴重的陸前高田，進行拍攝取材的工作，現在也會定期去拍照採訪。

上一頁是二〇一一年地震後，在陸前高田所拍到的照片。

我一看到眼前的風景，目瞪口呆久久無法離去。所有的一切都因為海嘯而毀於一旦。住家、店家和車輛全都被沖毀，街景失去色彩，只剩下黑白。

請看下一張，是在二〇一八年同樣在陸前高田地區所拍的照片。

2018 年於陸前高田拍攝

2018 年陸前高田的購物中心

曾經覆蓋整條城鎮的瓦礫已經被清除掉，變得很乾淨。連接著大海的大馬路也現身，電線桿也豎起來了，也出現了像右頁的照片一樣，流行的購物中心，也增加了餐飲店，眼中見到的已是美麗的街景。

即使如此住家公寓仍有許多空屋，也有很多年輕家庭在地震之後移居到東北的城市居住，可是高齡者幾乎都因為「想回到出生的故鄉居住」，而重返家園。

地震不僅讓人流離失所，甚至連自己開的店也毀於一旦，即使如此仍願意借貸巨資，重新開店。

戰爭與大地震災害現場交織的悲痛與愛情

「還是想回故鄉住。」

地震後，我前往日本東北地區幾十次，看到人們臉上的表情與說話的內容，瞬間與伊拉克或敘利亞所見到的光景重疊。

因為戰爭或地震，平日的居所一瞬間消失。那些失去家園的人異口同聲都說：「很愛出生的城鎮，想要珍惜這塊土地」、「喜歡一起生活的家人或當地的人們，所以再回到這裡」。

因為對家人或從成長以來，一起生活的鄰里的愛，支持著他們在戰爭或大地震之後的復興。

我去東北取材時，並不是架著相機直接進行採訪，而是會想接觸他們所生活的日常。一起去逛早市，一起吃飯聊聊天，就能知道當地的柔軟日常。近距離去感受居住在當地的人們生活，進而喜歡上他們。這樣的攝影取材方式不限於東北，我去世界各地都一樣。

在不經意的聊天中，發現出生在東北的人常提到的一句話是「津波てんでん（TUNAMITENNDENN）」，這是一句避難標語。

三番兩次遭受海嘯侵襲的東北，尤其是離海邊很近的三陸地區，從古至今代代相傳的就是這句「津波てんでん」的標語。意思是海嘯一來，要不顧一切以最快的速度逃到高處。

而且不是跟家人一起逃命，是自己一個人快逃。這是住在東北的每個人流傳下來的避難標語，是與大自然的威脅面對面的每日生活，存活下來的人們從中所得到的教訓。

三一一大地震已過去十年以上。地震當時還是小學生的孩子，現在一看已是了不起的大人，令我深深感悟真的經過了很長的時間。而經過了這麼長的時間，也出現了種種問題，譬如三陸地區現在不太好請到員工，海嘯的關係讓海洋生態有所變化，也影響了漁業生計等，我深深感受到復興之路有多麼困難。

雖然不是經歷了戰爭，卻在遭遇如戰爭般的悲愴經歷後，還能重新站起來，我想告訴各位在日本也有這樣的地方。

戰爭與地震的現場，生活在那裡的人們，某一天生活突然瞬間消失的悲痛情景，兩者是重疊的。

同時，家人或住同一區的人們相互依靠，帶著寬容的心一同渡過危機的身影，我覺得也是一樣的。

即使身處危機之中，日常仍在繼續著。當時互相扶持的羈絆想必一生都不會忘記吧。在戰場或受災地的場所，身邊人的溫情相待，相信能夠拯救內心的創傷。

以前有被哪個人強迫正確觀念的經驗嗎？曾有過被壓迫的經驗嗎？

在所謂戰爭的日常生活中，和家人相互扶持

我在世界各地的戰場，以及日本的受災地所見到的情景，那就是居所莫名奇妙被剝奪的人們，和家人們一起互相扶持的模樣。

在最後，我想聊聊在我大約長達三十年的攝影取材工作的原點，是源自於某個大轉捩點。

那個轉捩點是伊拉克戰爭，當時我為了攝影取材進到伊拉克，在取材期間與當地委託的男性導遊一同生活。

伊拉克的大家都很親切，也相當重視家人。我因為在當地和大家一同生活而交到許多伊拉克友人。

透過這些朋友，親眼見到生活在伊拉克戰爭下的家庭。

想要保護孩子的父母的姿態，珍惜父母的孩子們的姿態，親子和樂地依偎在一起，享受著平日微小幸福的模樣，尤其是跟我同世代的父執輩的人，在發生殘酷戰爭的伊拉克土地上，拼了命守護家人性命的模樣，深深打動我的心。

伊拉克人對家人的愛是很直接的，彼此互相體諒的心情，也直接傳達到身為外國人的我的身上。

當時單身且還年輕的我，一股腦投身在戰場的攝影工作中，當時也沒有顧及自己安不安全，魯莽地在當地採訪。

然而，看到伊拉克戰爭下彼此扶持的家人們的羈絆，我的想法改變了。對於把家人擺第一，為了家人獻上自己人生的人，由衷感到敬佩。

他們深深明白，處在戰場這般悲慘的狀況下，一家人仍然能生活在一起的幸福，所以不會沒來由地對孩子發脾氣，只要時間許可，就會和家人一起渡過，並珍惜相處的時間。

相較之下，在和平的日本，或許有很多人是工作擺第一，家人第二。我在這之前也是把工作放首位的，但伊拉克人是毫不猶豫優先考量到家人。所以即便是在戰爭下，只要是和家人團聚的地方，人人都笑容滿面，溫暖又溫柔，看到這樣的情景，我也自然而然，夢想著組織一個家庭。

於是我在伊拉克戰爭之後，以戰場攝影師的身分致力於拍攝生存在戰場中的家庭模樣。我自己也在二〇〇九年結婚，之後也有了孩子，現在對我而言和家人生活的時間是最喜歡的時光。

無論身處多麼殘酷的狀況，支持我們生存到最後的就是家人，與家人一起渡過的時間，是最幸福的。

這是活在戰場中的人們，教會我的道理。

世界各地今時今日仍在發生各種衝突，因為國境、民族、宗教、貧困或生存等問題而互相爭奪。

像這樣沒有劃分你我，世界共同的景象，就是全家人依偎著一起生活的模樣。只要家人在身邊，便能夠將今天、明天延續下去。

要珍惜這樣和平的日子，珍愛家人。這是我們為了世界和平所能做的重要的一步。

我如此堅信著，今後也會繼續拍下世界中的每個家庭的模樣。

今日，晴時多雲，飛彈來襲

從戰地攝影師的視角，看見烏克蘭人在戰火下的生活態度

作　　者	渡部陽一
譯　　者	李惠芬
發 行 人	林敬彬
主　　編	楊安瑜
編　　輯	林佳伶
封面設計	走路花工作室
行銷經理	林子揚
編輯協力	陳于雯、高家宏
出　　版	大旗出版社
發　　行	大都會文化事業有限公司 11051台北市信義區基隆路一段432號4樓之9 讀者服務專線：(02)27235216 讀者服務傳真：(02)27235220 電子郵件信箱：metro@ms21.hinet.net 網　　址：www.metrobook.com.tw
郵政劃撥	14050529 大都會文化事業有限公司
出版日期	2024年08月 初版一刷
定　　價	440元
ISBN	978-626-7284-64-3
書　　號	B240802

晴れ、そしてミサイル
HARE, SOSITEMISAIRU

Original Japanese edition published by Discover 21, Inc., Tokyo, Japan
Complex Chinese edition published by arrangement with Discover 21, Inc. through AMANN CO., LTD.

國家圖書館出版品預行編目（CIP）資料

今日，晴時多雲，飛彈來襲：從戰地攝影師的視角，看見烏克蘭人在戰火下的生活態度 / 渡部陽一 著；李惠芬譯-- 臺北市:大旗出版社出版:大都會文化事業有限公司發行, 2024.08；224面；14.8×21公分. (B240802)
譯自：晴れ、そしてミサイル

ISBN 978-626-7284-64-3(平裝)

1. 俄烏戰爭 2. 報導文學

542.2　　113009847

大旗出版
BANNER PUBLISHING